図書館に行ってくるよ

シニア世代のライフワーク探し

近江哲史 著

日外アソシエーツ

装　丁：赤田　麻衣子

はしがき――「ちょっと図書館に行ってくるよ」

私たちは「ちょっと図書館に行ってくるよ」と言って、気楽に図書館へ出かける。公共図書館はそれを快く受け入れてくれる。今はたいていの図書館でそれ以上誰もが何とも感じないのだが、以前は必ずしもそういうものではなかったと思う。私の昔（昭和二十年代の話）の体験を思い出してもそういうことが言える。私は（北陸地方の片隅の）中学生だったころ列車通学をしていたので、学校の帰りにその待ち時間をつぶすのには手頃の場所にあった市立図書館を使っていた。ところがその館では、蔵書棚全部に鍵がかかっていたのだ。利用者は館員に頼んでいちいち来て貰い、ガラス越しに指さしてこれを見たいと言わなければ、引き戸を開けて本を取り出すことはできなかった。まことにわずらわしいかぎりだった。しかし、やがて館長が替わり、新任の人が赴任してくると、状況はころっと変化した。書棚はすべて開け放たれた。あんなに嬉しかったことはない。この時、私は図書館のソフト（当時そんな言葉は使われなかったが）ということが強烈に意識づけられたものである。建物や蔵書が変わらなくとも、これに関わる人が異なれば状況はまったく異なるものだ、ということを知ったのだ。

それから五十年近くたった。会社を定年退職した私は、今しばしば自宅近くのN市立図書館を訪れる。今どき開架式の書架はあたり前である。館員の対応もほとんどスムーズに行なわれている。そんな中で、私たちは図書館をどのように使っているだろうか。それをちょっとだけ考えてみようかというのが、この小さな書物である。

1　ひまつぶしに出掛ける

私も定年になってグンと時間ができた。正直いって、ひまつぶしだけに図書館へ出かけることがある。家の冷暖房費節約に、と考えてのこともある。行けば、ありがたいことに、新聞雑誌などが大量におかれているから、手当たり次第に読んで、いくらも時間はつぶれる。軽い読み物も好きなように手に取ることができる。

2　ものを調べに出掛ける

新聞やテレビでこの頃新しい言葉が次々と出てくる。国際政治の話や経済の用語など解説を一度聞いても分かりにくいことがある。シャクだからしっかりその意味を知っておきたいというならば、図書館の参考図書部門へ行くと辞典・事典類が揃っていて、たいていのことはすぐ知ることができる。また、どこか旅行に出ようとする時、その行き先のことを調べるのにも図書館ではいくらでも調べることができる。海外旅行ともなれば、その地の地理や歴史その他の風物を調べたくなるものだが、図書館では、簡単に知ることができる。もし分からないことがあれば、参考係あるいは相談係の館員に聞けば、しつこいぐらいに本を探してくれる。これは向うの人の商売だから、われわれが遠慮をしなくてよいのである。

3　読書に出掛ける

以前は仕事にかまけてジックリ本など読むことができなかった、という人が多いはずである。しかし幸か不幸かすでに定年になってしまって、今はようやく時間もタップリできたし気持も落ち着いてきたから、今度こそ図書館ででもゆっくり本を読みたいというわけだ。家の書棚におけばかさばる大型の文学全集も、図書館では全然目だたずに存在する。大きい本なら図書館で腰を据えて読み、手軽なものなら借りて帰って読めばいいのだ。新刊の本、古典もの、種類は何でもいい。図書館はともあれ、読書のため、最良に近い読書環境である。

4　生涯教育の場を求めて

私たちは生涯教育という言葉になじんでいる。いつまでも精神を若く保つためには、たえず向上心を維持していなければならない。何かを学び、あるいは研究しつつあることが大切である。そのためには自分の独自のテーマを持つことだ。すでにこれぞというテーマを持っている人は、そのテーマの探求に自分の蔵書ばかりに頼ることなく、図書館の多数の本に依存してよいはずである。また、まだそういうテーマを確立していない人は、いろいろな分野をたどって館内の書架を巡り歩けば、おもしろそうだな、というものを見つけることになるだろう。図書館は自分の好みと関係なく、あらゆる知識が体系的に収蔵されているといえる。それが本などの形で置かれているのである。こうして書架を見て歩くうちに、またいろいろな本を取り出して見るうちに、何か、面白いものに出会う確率はかなり高いといっていいだろう。

5　イベントに参加する

この頃は図書館でもいろいろな文化活動が行なわれている。手っ取り早いところでは映画会などがある。その他、こども達のためのお話読み聞かせ会、人形劇の会などなど。こういうものに参加して自ら楽しむというのも結構なことだ。本を読ませてもらうだけが図書館ではない。

そしてさらに手が空いていれば、図書館ボランティア活動などに参加することも有意義だ。さて、またちょっと図書館に出かけよう。

目次

章扉カット／田中　美穂子

第一章　ひまつぶしに出掛ける

ひまだから、図書館へ

やたら暇になってしまう、ということがある。お金をかけずにヒマだけつぶしたい……というと、すぐに図書館へ行くことを思いつく。出掛けて行って館内に入ると、私はまず新聞閲覧の所に行く。サラリーマン現職時代からのくせで、最初に狙うのは『日本経済新聞』である。以前は通勤電車で読んだものだった。今は定年後の身、『日経』を読むにも、何かゆとりを感じる。自分のいた会社周辺の記事はもちろん今でも気になるが、業界とか、産業界全体に関わる気分はやや薄くなったようだ。ビジネスマン度がやや下がったようだ。それよりは、文化欄などを楽しむことが多い。それから自分の家で取っていない新聞を軒並み読みあさる。「新聞をスミからスミまで読む」とは、ひま人の形容詞であった。日本経済新聞をたっぷり一時間かけて読む、という人がいて、私は感心したものだったが、普通の人は新聞を読むといっても読まない部分が非常に多いものである。

新聞を何種も読むということはどういうことなのだろう。ニュース一般はさほど変わりないとはいえ、諸々の雰囲気はA新聞の論調とY新聞のものとは、あきらかに記事の扱い方に色合いがちがう。むしろ、新聞自体がそんな特集を試みたこともあった。新聞週間にちなんで、『産経新聞』が各種の新聞を比較していた。世上、話題になることの多かった「拉致事件」「住基（住民基本台帳）ネット」「瀋陽事件」「有事法制」の四つのテーマについて朝日・毎日・読売・産経の各紙の社説（主張）を二日間にわたって検証するといったことをやったのである。こういう一般読者にも賛否の出やすいテーマは比較的分かりやすいが、「ひまつぶし」にやってきている人は、こういう硬派の記事よりも、文化的な記事、スポーツ記事、社会面記事など肩のこらないものを流し読みしているのだろう。まことに、新聞もいろいろたくさん読むと、雑誌を読むように豊富な読み物だと感ずる。

それから雑誌である。これは、大きい図書館では百種単位で揃っているだろう。軽いものから行くとすれば週刊誌。毎週何種類でも読めるとなると、思い切り読みちらす。頭もあまり使わない。ほんとに暇つぶしには雑誌が適当だ。月刊誌だとやや中身がしっかりしてくる。図書館だと、総合雑誌、文芸雑誌、その他専門的なものなどと、まったく無限に近い状況である。雑誌の棚を見て歩くと、まったく私など思いもよらない趣味の世界、興味の世界を見ることができる。どうしてこんな一般性のなさそうな雑誌を図書館で継続購入しているんだろうか、と思うものがたくさんあるのだが、それはそれで、そういう雑誌を読む人にとっては貴重な、たいへん興味深いものなのだろう。こういうところに図書館で多くの人が利用し合うという意味があるのだなあ、とつくづく感じてしまうのである。

新聞や週刊誌、月刊誌などに惹かれるのは、内容が新しいということだろう。日々のニュースに近い話題、最近の話というのはなんといっても魅力的である。そんなことも自宅で取っているわずかな媒体ではものたりない、そんな意味から、図書館でたくさん読めるというのはほんとうにありがたいものだ。

もう一つ、これはタイミングなどということには関係なく、折々にとてもいい文章に出会えるのである。書物などおおげさな形でなく、ちょっとした短文、いいエッセイなどがしばしば新聞や雑誌などに載る。一つだけ、このごろ見た話を書こう。内館牧子氏のエッセイ「人生のリセット」（「暖簾にひじ鉄」『週刊朝日』二〇〇三年一月三一日号）

というものだ。

……私はずっと以前から、自分の人生をやり直したいと思う社会人に関心があった。今のままではいけないと思い、どうにかしなければと焦り、本当は自分には叶えたい夢があるのに……と顧る。そして今の人生は夢とかけ離れているではないかと落ちこみ、夢を叶えずに死んでいいのかと自問する。だが、夢を叶えるためには、現在の安定を捨てねばならないだろうと悩む。それはできないし、だからといってこのままでは死んでも死にきれないし……ああ、どうしよう……と、こういう揺れは、多くの人が経験していると思う。私自身がそれを経験してきただけに、いわば「人生のリセット」について思い悩む気持ちは他人事ではない。（後略）

この話はこの後が肝心で実におもしろいのだが、そう長く引用するわけにはいかない。これは一つの例にすぎないのだが、こうした貴重なエッセイその他の短文を多く見るのである。雑誌はバカにならない。もちろんこの他重要な論文などもある。そして今言っているような軽快な文章の中に、大事なことも発見することもできる。これが私の楽しみである。

そして図書館側もそんな気まぐれな利用者に十分対応してくれる。いろいろな図書館を見て、まずこうした新聞雑誌の閲覧室まわりがうまくできていて、人々が落ち着いた雰囲気でものを読んでいるのを見ると、ここはいいなあ、と思ってしまう。ついウトウトしている人がやたらに多いのだが、そういう雰囲気にしてしまったのは館側の責任か、やっぱり利用者側の問題であろうか。

でも話は戻って、図書館は居心地のいいのがいちばんだ。本当に一日ひまだったら、朝から弁当を持って図書館に出かけ、お昼はロビーとか、中庭でもあるところなら、そんな辺りでひっそり食事をしてしまう。午後からまた、のんびり読書、日がな一日、図書館に居座って、という日があってもいいのではないだろうか。N市に新しくできた図書館は、またの名を「森の図書館」といっている。隣接する森は規模は小さいけれど、さながら森林公園の態をなしているから、読書に飽いたらこの辺りを逍遥して、というべき環境になっているのである。

外には出なくとも、図書館というのは全体に館内が居心地よいところでないと、やっていられない。あまり空間の狭い図書館では息苦しくなってしまう。広いスペースというのが何よりである。出張のついでに寄ってみた福岡の市立総合図書館などは実に立派なものである。全体の広さも立派なものだし、シアター、レストランもある。新聞・雑誌の閲覧室の椅子はまことに立派で、快適である。来館者もあまり気持がよかったのだろう。ゆったりとした椅子に座った御仁、雑誌片手に鼻提灯ぶら下げて居眠りの最中であった。

サロンならいいな

図書館がほんとにのんびりできるものなら、いっそのこと、サロンに進化させたい、と思ってしまう。図書館がいわゆるサロンみたいな場所であったら、どんなに楽しいことだろう。そういう思いにふけっていたら、まことにかっこうな書物に出会った。戸田光昭氏の著書『情報サロンとしての図書館』（勁草書房、一九九三）という本である。

この本でまず教えて貰ったのは、東京都東村山市立秋津図書館（一九八八年十一月開館）が庭のある図書館、すなわち「図書園」として存在しているという話である。図書館機能を庭にまで広げたというのは珍しく、これだけでまずサロンに近づいているといいたくなる。またサロンと名のつけられるものとして日本出版販売の「日販ブックサロン」、公開の専門図書館では、富士通「コンピュータ・サロン」があり、他に海外雑誌のコレクションで著名なマガジンハウスの「ワールド・マガジン・ギャラリー」や、丸善日本橋店内の「本の図書館」、さらに神戸のホテル・ゴーフルリッツ内の会員制図書館「サロン・デル・リブロ」などがあると教えられた（二〇〇三年現在では閉鎖されたものもある模様）。

まことに、「図書館が単に情報資料を提供するだけの場所ではなく、客間として人を集め、もてなし、文化について語り合い、自由に談話を楽しみ、あるいは情報を交換し合う所として」（戸田氏）活用されるようなものになれば、誰しもが喜ぶことになることだろう。

図書館の風景

作家自身が図書館にはなじみ深い人が多いからだろうか、小説には図書館が出てくることが少なくない。新しい小説では、平野啓一郎の「氷塊」（『新潮』二〇〇三年二月号所載）にも出てくる。これはある地方の町の図書館と喫茶店を舞台にして、幼くして母を失った少年と不倫の相手の男を喫茶店で待つ三十代の女性とがヒーローとヒロインである。少年は、県道の南側に面して建つ市立図書館に、しばしば通う。（少年は）「図書館というその言葉の生真面目な響きには、多少気恥ずかしさを覚えるところがあった。」「……少年は図書館で、本を読む訳ではなかった。……（見ていたのは）『館外持ち出し禁止』の赤いシールが貼られた画集の類であった。」

図書館はこの他にも種々の小説に現われるが、その多くは図書館ないしその周辺の静寂なたたずまいが舞台の背景として用いられるのであって、その中で「利用者が懸命に本を読んでいた。」などというのはあまりないようである。

公共図書館と大学図書館を使おう

実は、私は公共図書館としてのN市立図書館の本館とM分館を使っている以外に、もう一つ近頃市民に開放しているT大学図書館も利用しているのである。

最近市民は、自分の健康を保つためにホーム・ドクターを持つことがすすめられている。いざ病気になってにわかに大病院に駆け込んでも、何時間も待って三分間診察といわれる時代である。的確な治療を期待するには、あらかじめ自分自身が対策を講じていなければならない。ふだんから自宅に近いところの町医者さんをわが「ホームドクター」と決めて、なじんでおくことが不可欠である。平常から健康診断もそこで受けておけば、基礎的な自分のカルテがそこで確保されていることになる。高齢者であれば、自治体から定期健康診断が勧められてきているはずだ。

このデンで、私たちは自宅の書斎以外にも「ホーム・ライブラリー」を持つと都合がいいのである。ところが医師にも診療科目がある。内科がいちばん世話になりそうだが、特に胃腸科とか何とかに強い専門の医師の世話になることがあるかもしれない。だから、公共図書館と大学図書館の二つをホーム・ライブラリーにしておけば、これは圧倒的な強みとなる。幸い最近は、大学図書館が地域の住民に利用の開放をしているところが多い。私の利用させて貰っているT大学図書館の場合は、年間千円の手数料を払えば、正味一年間利用させて貰え、図書の貸出しを受けることもできる。さらにいうと、この大学は年間数回の公開講座を催しているのだが、これに一回でも参加して年間申込料二千円を払うと、講座が年間聞けると同時に図書館の貸出しまで兼用して貰えるのである。この大学図書館は全体の器からいえば、比較的小規模大学（学生数一、一五五人、蔵書数　一一万八千冊、『日本の図書館二〇〇二』による）なのだが、図書館は堂々の三階建て、なかなかしっかりしたもので、もちろん冷暖房完備、座席数も豊富、しかも幸か不幸かいつも空いているので、実にゆったりとした読書環境なのである（試験期には、社会人は使えない）。

公共図書館と大学図書館はメリットに差があって、あい補完し合い、双方を使えるようにしておくとまことに好都合なのである。それを比較してみよう。

	N市立図書館	T大学図書館
開館時間	中央　九時～一七時 ただし木曜・金曜は　～一九時 分館　一〇時～一六時五〇分	九時～一八時 ただし夏季は　～一七時 土曜日　九時～一二時
休館日	毎週　月曜日・月末日 年二回、二週間程度の整理日	毎週　日曜日 市民利用者は七～八月と 大学入試期は入館できず
蔵書内容	一般書多し	学術書多し
座席	常時満席に近い	常時空席多し
費用	入館自由、無料	入館料　年額千円

などという区別がある。これが私の利用している両館の具体的な比較であるが、別に一般論として、図書館資源としての公共図書館と学校図書館を比較することができる。データは一九九二年のものですこし古い（丸山昭二郎『情報と図書館』丸善）が、傾向

だけ見てほしい。

	公共図書館	大学図書館
館数	一・三	一
総職員数	一・五	一
総蔵書数	一	一・〇八
総資料購入費	一	二・三
受入冊数	一・八	一
一冊の平均単価	一	四・二
個人貸出数	一四・五	一
蔵書回転率	一五・七	一

以上の二つの表を比較して見て頂くと、例えば私のように公共図書館と大学図書館が双方同時に利用できる状態にある者は、どういうように使ったらいいか、はっきり分

かってくる。もし、毎日図書館を使うのなら、月〜水は大学図書館、木〜日は公共図書館を使うのが便利ということになる。ちょっとした軽い本は公共図書館、程度の高いテーマ性のある本は大学図書館の蔵書を使う、というのがいいわけである。

公共図書館の本は回転が激しく、たくさんの利用者が読んでいるので、本の汚れ・消耗はたいへんなものだが、大学図書館の本は実にきれいで、汚れはほとんどない。なにより感謝すべきは、館内がガラガラに空いていることである。昨今の学生諸君は、どこでも図書館を利用するのが少なくなっているのだろうか。私はいつも申し訳ない気持で、悠々と冷暖房完備の大学図書館を使わせて貰っている。「モッタイナイ」という言葉がつい出てしまうのである。

ところで、ここまで書いた時、新聞に一つ新しい関係記事を見つけた（『日本経済新聞』二〇〇二・一一・九）。千葉県の明海大学（浦安市）が、図書館の利用で地元浦安市と相互取り入れを始めたという話題である。市は市立図書館の蔵書を一部大学に移し、図書購入費も負担するという。大学は社会人講座の受講生を獲得したいという思惑もあるようだし、なによりも受験生増加の期待や広報効果を求めているのだろう。一方、市側はより低コストで住民サービスの拡充が可能になるということでもあろう。

浦安キャンパスメディアセンター（図書館）は、蔵書約十九万冊、国内で唯一の不動産学部を有し、他に経済・外国語学部があることから、それに関連する専門図書を多数有しているはずだ。二十歳以上の浦安市民を対象に、無料で利用証を発行し、図書閲覧・貸出・インターネット接続のパソコン使用もＯＫということである。市立図書館から二万冊が大学図書館に移されたが、この内容は市民向けの一般教養書が中心、補充図書購入費用は二千万円の予算とのこと。市民はこうして大学図書館を市立図書館同様に使えることになったというから、これは画期的な話である。

図書館の基本の動向

ぶらりとやって来た図書館だが、私は一般論としての図書館をよく知らなかった。しかしすこしずつ調べてみると、私たちが知らなかったことがすこしずつ分かってきた。

図書館はどこにでもあるものと思っていたが、そうでもないのである。図書館の有無を全国の市区単位で見ると市区数六九七、設置数六八二と九八%の設置率だが、二五四六ある町村のうち図書館のある所は九八九、設置率は僅かに三九%にすぎない。蔵書数は三億〇七九三万冊、日本人一人当たり二・四四冊である。館外貸出しの登録率は三〇・六%、貸出しの総数は五億三〇六一万冊で、一人当たり四・二冊ということになっている(以上は『日本の図書館二〇〇二』日本図書館協会　二〇〇三年一月刊一六ページを参考にした話である)。

さて図書館の現状といえば、もっとも気になる財政の問題。当今、あらゆる分野で緊縮財政とされているわけだが、図書館の世界でも経費削減は目を覆うばかりである。全公共図書館二〇〇〇年度決算は三五六億四、三三八万円だったのが、二〇〇一年度は三一五億九、五二五万円と一一・四%の減少である。国公私立大学・短期大学・高専図書館な二〇〇〇年三五九億七、〇〇〇万円、二〇〇一年度は三三六億六、五〇〇万円、六・四%の減少となった。

中で厳しい話は東京都で、今一九九五年資料費に比べると五八%の一億八、〇〇〇万円の減少ということなのだ。

その他、図書館で今、問題になっていることといえば、作家や出版社側から提議されている複本購入とコピー問題ということのようだ（日本図書館協会『図書館年鑑　二〇〇二』による）。

図書館の種類について簡単に触れておこう。大別して四つの種類がある。①国立図書館、これはイコール国立国会図書館である。②公共図書館　全国に都道府県立図書館や市町村立図書館がある。これが一番普通になじんでいるものだ。③大学図書館　各大学に必ずある。相当充実しているものが多い。④専門図書館　業界や企業、その他特定の領域のものが持っている図書館、自動車工業会が持つ自動車図書館というごとく。

一般の利用者からいうと、最寄りの市立図書館を使い、そこで求める本がなければ図書館側で県立図書館まで問い合わせて取り寄せてくれる。さらになければ国会図書館まで手配してもらえる、というようなことがある。こうしたタテの関係以外に、周辺の図書館に問い合わせてくれる場合もある。つまりヨコのネットもありうるわけだ。図書館は使いこなせばずいぶんいろいろなことが可能なのだ。

国立国会図書館とは何か

日本の図書館のトップは国立国会図書館である。規模もたいへんなもののようだ。それでは、私もその国立国会図書館とやらに出かけてみようか、ということになるかも知れない。これは知っている人、行ったことのある人には何でもないことだが、なじみのない人には何か得体の知れない、分かりにくい存在だろう。だいいち、「国立国会図書館」というのは、国会のための国立図書館じゃないの、われわれが使えるの？　というように考える人もあるらしい。実はこれは、国立図書館と国会図書館を二ついっしょに言ってしまった語なのである。戦前は帝国図書館と貴族院・衆議院の図書館があったのだが、昭和二十三年（一九四八）に合体して新発足して国立国会図書館となった。そう聞けばなるほどということになるだろう。しかもそれはただ物理的に合わせたというものではなく、「議員が立法活動をするに必要な知識を得る」という意味合いと、「国民がよりよい暮らしのために知識を得る」ということが合わさって、社会の共通の利益に奉仕することになる、という理念に基づくというわけである。

国立国会図書館は、したがって、その役割とするのは、①国会議員　②行政及び司法の各部門、すなわち、各省庁や最高裁判所　③国民　というそれぞれに対してサービスを提供すべき所なのだ。

この図書館はすこぶる大きいものである。本館・新館合わせて十四万六千平方メートル、蔵書数六百万冊、職員数八五〇人。個人でも団体でも見学することは認められているから、機会があれば見に行くといいと思うが、その前に予備知識を入れて行くのがよいかも知れない。例えば一般の公共図書館や大学図書館というものと、何が違い、何が似ているのだろうか。似ているのは、図書館の本質というべきか、資料の収集、整理、提供を行なっているということだろう。しかし、違うのはその態様である。まず資料の収集とだけいっても、国会図書館は「納本図書館」なのである。日本で本や雑誌を刊行すれば必ず国立国会図書館に一冊は納めなければならない、という定めがある。自費出版物もしかりである。したがって、逆にいうと国会図書館にある本の全目録を作れば、日本の本などは全部そこに載せられることになるはずだ。そこで国会図書館は、『日本全国書誌』というものを刊行している。わが国における全出版物のリストということになる。その他、資料探索のための文献リストなども作っている。

さて提供という場面では、資料は館内でのみ利用できる。しかし一般の図書館とここで違うのだが、本は参考図書部門など若干の部分以外は皆閉架式になっているため、行ってすぐパラパラと実物を見てまわることはできない。目録を調べるか、コンピュータの端末を叩いて、求めている書物の請求番号を捉えて、「資料請求票」というものに書き込んでカウンターに出し、二〜三十分ほど待ってようやく手に入れることになる。したがって、分かっている本はよいとして、タイトルだけでそれらしいものという見極めで請求した本は、望むものとは違うことがある。期待に添わない本であることがあるが、これはやむを得ない仕儀となる。レファレンス・サービスは、これこそ、この館に期待される重要なものといえるだろう。先にも言ったことだが、地元の市立図書館で分からなかった、本がなかったという場合に、県立図書館など上位の館に見つけて貰う、調べて貰う、そこでも見あたらない時に、国会図書館まで依頼して貰うというわけである。逆にいうと国会図書館では、普通の図書館で分かりそうなことはそちらで調べてほしい、どうしてもここしかなさそうなものだけ調査にやって来てほしい、という建前なのである。例えて言えば、町医者では分からない、処置しにくい難病の人だけが大病院にまわされるという実態に似た話である（この項は国立国会図書館編著『国立国会図書館のしごと』日外アソシエーツ、一九九七を主に参考にした）。

それから国立国会図書館の数量的データを一覧しておこう。これは本館、国会分館、国際こども図書館（上野にある）、支部東洋文庫などを含んでのことである。職員数八二六人。蔵書冊数　八、三四五、五一七冊。年間受入冊数　一八九、二二七冊。館内閲覧者数　五三二、〇八九人、一、八七四、九五七冊。館外貸出　五二、六六五冊（一般人が個人では貸出を受けることはできない）。レファレンス　三〇六、七九三件。座席数　一五九二席。二〇〇〇年度決算　二九、六八九、七一〇（千円）というわけである。

（以上は日本図書館協会編刊『日本の図書館二〇〇一』によったものである。）

ところで、二〇〇二年に至ってこの図書館はまた新しい展開を示すことになった。五月には国際子ども図書館が、十月には関西館が開館したのだ。関西館は六百万冊の収容能力があり、さしあたり三百二十万冊が移転したという。将来は二〇〇〇万冊というからすばらしい。なお、新しい変更事項として、従来利用資格年齢が二十歳であったのが十八歳となった（桜井理恵「国立国会図書館の二〇〇二年」『図書館雑誌』二〇〇二年十二月号）。

さらに国会図書館の新しいサービスに注目しなければならない。「近代デジタルライブラリー」という。これは明治時代の刊行図書をホームページで無料で閲覧できるというものだ。古い図書を画像情報としてシステムに登録し、国会図書館が目次のデータベースをつくり、検索機能を与えたのである。閲覧できるのは明治時代の刊行図書三万冊、七百万ページという。樋口一葉や夏目漱石の小説などもホームページで見られるのである。この企て、さっそく十月から年末までで六十万件のアクセスがあったとのことである（『産経新聞』二〇〇三年一月一〇日）。

本や雑誌の売られ方・読まれ方

本と雑誌などがどれだけ出版されているかについてくわしくまとめられたものは『出

版年鑑』である。二〇〇一年版によると、二〇〇〇年の一年間で書籍は六五、〇六五点が発行されている。一日平均一八〇点弱もの新刊本が出ているのである。冊数にして一四億一九八六万冊、実際に売れた金額一兆〇一五二億円。国民一人当たり一万円に満たない。そして今特徴的なことは書籍より雑誌が売れているということだ。雑誌の売上が図書を上回ったのが一九七九年以降のこと、二〇〇〇年では月刊誌・週刊誌合計四八億七〇〇〇万冊発行され、実売額が一兆四九七二億円。国民一人当たり一万円強の支出となっている。自分の本や雑誌に対する支出と比較してみると、オヤオヤ、そんなものか、と意外な気がするという人が多いかもしれない。それにしても図書館に来て雑誌でもザーッと見れば計算してみれば相当の金額のもの、ずいぶん得をした、という感じにならないだろうか。

平成元年（一九八九）六月総理府実施の「読書・公共図書館に関する世論調査」によると、「本をどこで入手したか」というデータが出されている。

書店	七五・二（％）
コンビニエンス・ストア、駅の売店	四・七

宅配・通信販売	三・二
図書館（学校や職場の施設を含む）	八・四
人から借りた（もらった）	六・七
その他	一・八

これを見て、私たちはそれほど不自然なものは感じない。要するに八割強のものは金を出して自分で買ったものだ。ところが外国ではこれは一般的な状態ではないのである。

ロンドンのヒリングドン区住民に聞いた調査というものがある。上と同じように、どこで本を手に入れたかというアンケートである。

公立図書館	四四（%）
職場の図書館	三
学校・大学図書館	三
ブック・クラブ	三
買った	三〇

友人から借りた	一一
その他	七

これでご覧のように、日本では本は八三%自分で買っているのに、イギリスではそんな人は三割強しかいない、ということになっている。日本では八%ほどしかいない図書館利用者が、イギリスでは公立図書館だけで四四%というから、これは図書館の利用率から言ってケタ違いだといえる。ロンドンは人口二三万四九〇〇人で、図書館は一四の公立図書館がある（他に移動図書館一台）。

この二つだけのデータでは、日本では本は自分で買って読むものと考え、イギリスでは借りて読むものと思っているのか、ということになるが、もうすこし詰めて状況を見ると、事情はすこし違ってくるようだ。別の調査を見ると、図書館設置の密度の高い東京都内自治体の例を調査してみると、自分で買って読む、人から借りて読むの合計が七〇%強であるのに対し、公立図書館は一七・四%、学校その他が七%に高まっている。これを要するに、日本はまだ図書館が少ないから利用度が低いので、近くにあればもっと利用されるはずだ、というのがここでいわれるべきことなのである。

ベストセラーを早く読みたい

図書館の利用者は、新聞の広告などで新刊の書物名を見て、それが話題作であると、早く読みたいと思う。「やあ、『ハリー・ポッター』の次の巻が出た！　図書館にすぐ走って行こう」などという人は少なくないだろう。当然のことながら、求めるその本はただいま貸出中。「予約をお願いしますが、何人待ちですか」「うーん、お客さんの前に、三十六人いますね」などということもある。「こういうたくさんの人が読みたい本は、一冊でなくて何部も置いてくれればいいのに」こんな意見はいつもあるはずだ。たしかに、以前はこういうベストセラーものを何十部も揃えた図書館があったと聞いたことがある。しかし、にわかにブームになり、またすぐにスーッと消えていく元ベストセラーという本もしばしばある。図書館の書棚に、十冊も二十冊も同じものがたいくつそうに並んでいるのを見ることはわびしいものだ。

図書館でのこういう現象を、作家・著作者側の人たちは、どう見ているのだろうか。これは一つの大きな問題である。部数のあまりさばけないと思われる地味な本の著者は、「全国の図書館だけが買ってくれても数千部にはなるわい、図書館が買ってくれてありがたい」と思うだろうが、常にたくさんの読者を持っている有名作家にしてみればそうはいかない。図書館が複数の本を買ってしまえば、もっともっとたくさん売れるはずの本が売れなくなる、と批難する作家がある。すこしく以前からこの議論は盛んなのだ。最近のシンポジューム（二〇〇二年九月七日、東京で開かれた日本ペンクラブ主催「激論！作家VS図書館」）でも、相変わらず作家側は強硬に図書館の複本購入阻止を主張したということである。

この話を報じた西尾肇氏（鳥取市民図書館）が、それなら日本ペンクラブ会員の皆さん、次のアンケートに答えてみてごらん、と訴えている。この答えを調べてみれば、いかに日本の図書館行政が立ち遅れているか、理解してもらえるはず、といわれるのだ。これは実はわれわれ一般の市民にとっても図書館状況理解のテストに格好なものなので、紹介させて貰うことにしよう。①自分の住んでいる地域の図書館に足を運んだことがありますか？　②地域の図書館の年間資料費はどれくらいか、ご存知ですか？　③地域の図書館には職員は何人いますか？　そのうち司書の資格のある正規職員は何人ですか？　④地域のどれくらいの住民が登録していて、年間にどれくらいの貸出しがあるか、ご存知ですか？　⑤地域内に図書館は何館ありますか？　すべての住民の生活圏域をカバーしていますか？　⑥地域の図書館でどんなふうに選書をしているか、ご存知ですか？　図書館は選書方針を公開していますか？⑦地域の図書館には図書館協議会が設置されていますか？　どんな人が委員になっているか、ご存知ですか？　⑧全国に公共図書館は何館あるか、ご存知ですか？　そのうち町村の図書館設置率は何％か、ご存知ですか？　……というものだ（以上は、出版ニュース社『出版ニュース』二〇〇二年十月中旬号所載「日本ペンクラブへの問いかけ」によるものです）。あなたは何問に答えられるだろうか。

ほんとうにたいくつな場合

在職中の人と、定年後なり定職を持たない人とは「たいくつ」の意味が違うといえるだろう。日常の仕事を持っている人の場合は、たいくつだといっても、ある時間がたつと、そのたいくつな時間は消滅している。しかし、後者の場合は、わるくすると際限なく続く「たいくつ」さなのである。

しかしどちらにせよ、たいくつする時に図書館へ出かけるのは、賢明といえよう。たいくつな人は図書館へ行くことを前提にして、対策を考えるのがよい。まず、とりあえずたいくつな人は、手当たり次第「おもしろそうな」本や新聞雑誌を時間がつぶれるまで読むことである。しかし今後膨大な時間がズーッとひまな状態で延々と続くはずと観念している人は、毎日ぶっつけの対策でこなしていくのはムリと思わなくてはならない。どうしても体系的な対策が必要である。おすすめしたいのは、この本の三章、四章の段階に進んでいってほしいということだ。いや、今後二十年でも三十年も毎日毎日無為に生きるのが、私の哲学です、などという変人以外の場合は、そうして頂くことしか解決方法はないというのである。

ほんとうにひまな人というのは、時間を悠然と使えばよい。書物でも、ひま人のためのノウハウ本というのはあまりない。いかにして時間の節約をはかるか、という本ならたくさんある。ビジネスマンその他社会に有用な仕事をしている人は、忙しくて困っているのだ。有名な野口悠紀雄教授の『続「超」整理法・時間編』(中公新書、一九九五)など、超ベストセラーになった「超」整理法以来のシリーズ本だが、この本の第一ページは、「時間がほしい」という小見出しである。そこでも書いてあるが、「光陰矢の如し」「歳月人を待たず」「少年老い易く学成り難し」などということわざは皆、時間が足りなくて困るぞ、というものばかりである。まあ、ゆっくりした方がいい、ということわざは、「せいては事を仕損ずる」ぐらいなものか。そして先のことわざは、ひまな人にとっては、「時間がたつのは、チンタラチンタラだ」「あの世なかなか人を迎えず」「老人死は遠く、生きがい求め難し」というほどのものだ。こういう人は時間の管理学的な本を読んで、その逆をやればよいのではないか。そして図書館はよい意味で、悠然と時間を過し得る最良のシステムであり、居場所である。

第二章　ちょっとモノを調べに出掛ける

湖水地方ってどんなところ

数年前のこと、ロンドンに何年か住んでいた私の娘夫婦がいよいよ帰国することになった。その間際になって「こっちに来てくれたら、案内するよ。最後になるからね。」との話。それでは、と私と家内はこれにのってしまった。「どういう所が見たいの?」と聞いてきた。私は「ロンドンはもういいから、その外へ出かけて、かの景勝で有名な湖水地方とやらを見てまわりたいな。あの辺りは、文人が多く住んだ史跡があるのだろう。」と大雑把な希望を言ってやった。「それじゃ、適当にプランを考えるよ。」と娘。

さてそうは言ったものの、このままでは行き先についてまるで無知な状態である。早速、図書館に行ってそれらしい案内書を見てみた。調べものといったら、こんなことは一番簡単な話で、旅行案内書風なものを見ればいくらでもある。ロンドンだのあの辺りのことなど、際限がない。ＪＴＢ『ワールドガイド　イギリス』というのでも一つ見ると、それでもとりあえずのことは分かる。「イングランドで最も美しいとの誉高い湖水地方は、東西五〇キロ、南北六〇キロに及ぶ国内最大の国立公園だ。カンブリア山地を中心に、氷河の侵食によって形成された深い谷が放射線状に延び、それに沿って大小の湖が静かに水をたたえている。ワーズワースの詩、ビアトリクス・ポターの絵本など、日本人にも馴染みの深い文学の故郷としても有名だ。」という概況から始まって、まことに詳しい案内がのっている。探せば参考になる本などいくらでもあるが、今度は逆にあんまり調べないで行った方が面白かろう、という気分にもなった。どうせ現地に何年もいて、勝手知ったる案内人が二人も付いてくれるのだから。

一九九九年の八月末から十日ほどの日程で出かけた。イギリスのことぐらいだいたい分かってるさ、というつもりだった。ところが行ってみればいくらでも知らないこと、珍しいことだらけだった。まず、娘夫婦が空港に迎えに来てくれ、そこで泊まる所を案内してくれたのが、市内のB&B（ビー・アンド・ビー）なる種のホテルであった。「え？何だ。」なるべく安いコストで旅行しようよ、と言ってあったものだから、ホテルも割安のものを探して行こうという意を体してのことだった。決して粗末というほどではないのだが、確かにシティー・ホテルよりは簡略なものである。ベッド（寝台）とブレックファースト（朝食）が備わっている、というもの。これ以後何度もこのB&Bに泊まったが、湖水地方辺りでは、実に美しい建物、室内、おいしい朝食などの備わったB&Bに当たったりして、この手のホテルも悪くないなあと感じたのである。イギリスにのみ多いと聞いた（後で聞くとアメリカでも普及しており、この頃は日本でも「B&B」をうたっている宿があるのを知った）。

ロンドン市内ではバッキンガム宮殿の衛兵交替式を見たり、大英博物館や市内の繁華街を見物して、二日目を終え、翌日はバッキンガム宮殿のロイヤル・コレクションを見学した。なかなかのもので、その内容のすばらしさには驚いた。午後はピカデリーサーカスを通った後、本場のお茶をしようということになった。ネクタイをつけ、正装に近い形を整えて行かなければならない。「ハイ・ティ」というやつだな、と勝手に思い込んだのだが、ともあれホテルにはそれ専用らしきティー・ルームがある。待つことしばし。何種類ものお茶が運ばれ、片や、三段重ねの独特な器に、お菓子やスコーン、サンドイッチその他が山盛りの楽しいおやつセットが届けられた。これでおしゃべりをしながら、たっぷり数時間をすごすのである。窓からは、隣のハイドパークの緑が映える。「こいつは楽しいや」とつぶやいてしまった。夜は「オペラ座の怪人」を観劇した。

さて翌日から、娘夫婦が借り出してきたレンタカーでいよいよロンドンを離れた。北方向に走って、中世の城壁に囲まれたヨークの町へ。翌日は国立公園ノースヨーク・ムアースを見物、夜、湖水地方のホークスヘッドという町に入った。イギリスは、車で一日走っても途切れることのない青々とした牧草地が続き、そこに点々と白いゴマ粒のように見える羊や牛が放たれている。なんともいえない愉快な明るい風景である。そして湖水地方というのはなるほど美しい地、数々の小さな湖があり、緑と空色がえもいわずきれいだ。ピーター・ラビットで有名なポターー・ギャラリーからワーズワースの通った小学校というのを見たり、哲人ラスキンの住家を見学。夜はまた車で走ってシェイクスピアで有名なストラッドフォード・アポン・エイボンの町に到着し、この日も例のB＆Bをぶっつけで探して宿泊した。翌日はワーズワースの個人博物館ライダルマウントへ。それから『嵐が丘』の舞台になったハワースに着き、ブロンテ姉妹の個人博物館をしっかり見た。こんな旅程を経てロンドンに帰り、最後は一夜シティ・ホテルにも泊まってロンドンに別れを告げた次第である。

帰国して、たっぷりの宿題

帰国しての私は、たくさんの宿題を背負った感じになった。出かける前に予習が足りなかった分、楽しいピーター・ラビットから始まって、ワーズワース、ラスキン、ブロンテ姉妹、シェイクスピアと、たくさんの文人の史跡を見てしまったわけだから、これらの人と作品についてはもっともっと親しまなければもったいないと思えたのだ。一つ取り上げるだけでも大仕事、よーし、この機会にすこしずつでもこれらの文学に再入門するぞ、と考えた。これらは皆一流の文学者だから、資料は図書館を渉猟すれば無数にある。

それらの中で、ラスキンについてはあまり知らなかったのだが、もっとこの人について調べたいと思っているうちに、これは東洋学園大学図書館で調べることができた。ほとんど偶然ながら、ここの定期刊行物の置き場に「ラスキン文庫だより」というものが来ているのを見つけたのだ。なんと、東京に「ラスキン文庫」という専門の図書館がある！　築地二丁目云々という住所を頼りに私はすぐ出かけた。あるビルの一階と二階にひっそりと住まう、まったくの個人図書室というものだった。ジョン・ラスキン（一八一九～一九〇〇）は、「詩人・画家・批評家・自然保護の預言者」（辻丸純一『英国・湖水地方 四季物語』東京書籍）と呼ばれるほど多角的な活動を行なった人だ。その詳細な文献が、このラスキン文庫に蓄積されていた。さらに言えば、彼は童話まで書いているのだ。ラスキンについてのちょっとした程度の解説書では、そこまで触れていないので、ラスキン『黄金（きん）の河の王様』（岸なみ訳、中央公論社、一九五〇）や、ジョン・ラスキン、富山太佳夫＋富山芳子編『黄金の川の王さま』（青土社）などと何冊かの翻訳のあるラスキンのこういう童話は果たして、あのラスキンと同一人物だろうか、と戸惑っていたのだが、この図書館で氷解した。彼は難しい評論ばかり書いていたわけではなく、楽しい童話をも手がけていたのだ。

ラスキンはこうして多角的な活動をした人物なので、この人の作品を読破することはたいへんなことであり、私は今も攻めあぐんでいる。

アフタヌーン・ティかハイ・ティか

こうして帰国して後、ちょっと気になったのは、先ほど書いていたあのわれわれのロンドンのホテルでお茶を飲んだのは、アフタヌーン・ティというべきものだったのか、ハイ・ティだったのか、ということだった。しかし、これは文献を捜索するまでもなく、一冊の本で解決した。図書館に行ってみると、英国紅茶の本など山のようにあふれている。最初に目についたのは、出口保夫『午後は女王陛下の紅茶を』（東京書籍）という本だ。これにくわしく英国のティの話が書かれている。英国では一日に何度もお茶を飲むのだ。早朝にアーリー・モーニング・ティを飲む。それから午前十一時頃にまた飲むが、これがイレブンジズ。そして午後の三時半から四時頃のアフタヌーン・ティである。これはいわゆるおつき合いのお茶の時間ということになる。夕方のお茶がハイ・ティである。ディナーほどではなくて、軽く食べる夕食ということのようだ。

この本に、リッツ・ホテルという最高級のホテルのアフタヌーン・ティのことが書かれているが、時間は午後三時半から五時半まで。配られるティ・メニューによると、フィンガー・サンドウィッチはスモークド・サーモン、ハム、きゅうり、チェダー・チーズ、クリーム・チーズとチャイブ、卵のマヨネーズが中身、他はストロベリー・ジャムとクリームつきスコーン、パイ菓子またはクリーム・ケーキなどがつく。そしてインド茶または中国茶、とあるそうだから、私らが出会ったのとそっくりのメニューだ。ホテルが違っても内容は同じようなもののようである。

紅茶を受け皿で

イギリスは紅茶の国である。イギリスの紀行文や文化論は、それこそ図書館の書棚を見ればたくさんある。したがって、紅茶にまつわるお話もいっぱい書かれている。そして私はそういう書物の中で、奇妙な話を見つけてしまったのだ。紅茶を受皿に注いで飲む人がいるという話である。なぜそんなことをするのか、熱い紅茶を冷ますというだけのことなのか。それは礼儀にもとるしぐさなのか、逆にそれがエチケットに適う話なのか。

図書館で見つけた小野二郎『紅茶を受皿で』（晶文社）は、まさにズバリそのもののタイトルであった。私がすぐ手に取ったことはいうまでもない。まず著者は、イギリスで、あるスーパーのそばの食堂にいた一人のおばあさんが「お茶をカップから受皿にあけて、そこからすすった」のを目撃した。そこで著者はたいそう驚いた。ジョン・モリスというジャーナリストが、「ジョージ・オーウエルが第二次大戦中、ＢＢＣにつとめていたころ、仲間のインテリに対するいやがらせとしてこれと同じことをした」と伝えたのを知っていたからである。著者は、オーウェルの行為如何にかかわらず、お茶の中身を受皿に移して飲むことは労働者のやり方と認識している。しかるにオーウェルは「なぜ受皿で飲むのは無作法だということになっているのだろう」と言っているのだ。

類似の話はまだある。出口保夫『英国紅茶の話』（東京書籍）にも「受皿から紅茶を飲むロレンス」という話が出てくるのである。Ｄ・Ｈ・ロレンスは『息子と恋人』という著名な作品を持っているが、これに、ある炭鉱夫が受皿から紅茶を飲む状況を書き込んでいるが、それは「まったく野蛮で粗野な行為とみなされている」という書き方なのである。さらに、エドナ・オブライエンという女流作家も、酒飲みの貧しい農夫が「皿から紅茶をすすっていた」としている。

私はこうしてこの二冊の本から、紅茶を受皿から飲むのは貧しい人々の風習か、とほぼ見定めていた。しかしオーウエルがいうこともあり、なお留保しなければならぬか、とも思っていたのである。

そして三冊目の本、仁田大八『英国紅茶の館』（東京書籍）を見るに及んで、新たな展開となった。著者が角山・春山両氏の著書を引用しての話は、十七世紀後半のオランダの習慣によると、「ティーを飲む時は、ティー・カップからソーサーに移して、女主人に『おいしいお茶』とほめ、香りをかぎながら、音をたてて、すするのが教養あるエチケットでした。」とある。ソーサーとは、受皿。ご丁寧に挿絵が入っているのだから、これも間違いなさそうである。紅茶を受皿で飲むのは、いいことなのか粗末な仕業なのか、図書館で三冊程度の本を調べる程度ではまだ決定的な結論には至らなかったのだ。

※本書脱稿後読む機会のあった三谷康之著『イギリス紅茶事典』（日外アソシエーツ、二〇〇二）によれば、私の戸惑ったようなことはすべてスッキリと解消する。「アーフタヌーン・ティー」は「午後四～五時くらいの間に軽食を取りながら飲むお茶をいう」のであり、「ハイ・ティー」は夕方の六時あるいは六時半頃に料理を食べながら飲むお茶で、『軽

い夕食』ともいうべきもの」ということである。また「受皿での飲み方の由来」も詳述されている。ちなみにこの本は本文内容も有益であるが、紅茶にまつわる美しい写真が多数口絵に用いられていて、まことに楽しい書物となっている。

パソコン検索でそこまでも！

あなたは、金完燮（キム・ワンソプ）著『親日派のための弁明』（邦訳本　荒木和博訳、草思社、二〇〇二年八月）という本をご存知だろうか。……日本統治時代はよかった。日本は、朝鮮を植民地搾取ということでなく、投資や開発や教育に注力し、共存共栄の政策をとった、という趣旨の本を韓国人が書いて出版した、といって大きな話題になったものである。「日本は朝鮮に対して良いこともした」と言っただけで激しい指弾に遭うという反日感情の強い韓国で、「過去日本が朝鮮におこなった善意をあるがままに受け取ったなら、韓国人が日本に対し悪い感情を持つことはなくなるだろう。韓国人に存在する反日感情は韓国政府の意図的な歴史歪曲から始まったものである。私は歴史を歪曲しているのは日本でなく韓国だと思う。」（同書）というような勇気ある発言がされているのだから、少々驚いてしまう。この著者はもともとは左翼的な人物であったものが海外に出てから、考え方が変わり、その後いろいろ研究してみてこのような結論に達したということで、日本語は読み書きもしゃべることもできないという。そんな人が、よくもまあ、かかる著作を成し得たものとビックリするのである。

どうやって、資料を集めたのか、雑誌の対談で次のような話が出ている。呉善花さんと著者との対談「安易な謝罪と無茶な批難　日韓友好を阻止する『歪んだ符合』」（『正論』二〇〇二年十二月号）に、著者は次のように話している。金氏の発言「私は歴史学者ではありません。門外漢がこのような本を書くことができたのは、インターネットがあったればこそです。昔は考えられなかったことですが、インターネットのサイトには本当にいろいろな資料、文献、情報が載っています。私は日本語は読めませんけれど、英語、韓国語のサイトを調べればかなりのものが集められます。主に韓国人の書いたものを参考にしましたが、そこから日本の立場や日本の主張を抽出するのに苦労したことで、かえって日本の立場が鮮明に見えて勉強になりました。」というのだ。

図書館を利用する立場は、これに習うところがありそうな気がする。

図書館を使う体験本

こうして、私はいくつかの体験を書き続けてきたが、図書館を使う側から見た体験本というのは、それほど多くないことに気がつくようになった。図書館に関する本（※注1）というのは、ずいぶんあるのだ。しかし、①その種の本の一番多くは、ライブラリアンというか、司書の人々たちのためのテキストないし図書館人のための図書館論というものなのである。②次に多い書物は、図書館側の人が書いた図書館啓蒙の書物だ。図書館の専門家が素人に、図書館はこう使いなさい、こうなっているのですから、という筋のものである。これが相当多い。しかし、①と②のいずれも専門知識が詳しすぎて、普通の利用者が読むには重い、という感じのものがほとんどであった。③三番目が、普通の利用者が図書館を利用して、どう戸惑ったか、どうすればよいと思えるか、という感じのものである。こういうのが読みたいと思うのである。しかしこの種の本は数えるほどしかない。強いて言えば、図書館関係雑誌に投稿されているような断片的な小論・希望・意見・苦情などというものに見られる程度だった。

そういう中で、辻由美『図書館であそぼう』(講談社現代新書、一九九九)はおもしろかった。著者は、図書館で探しものをした楽しい一例から話を進めている。二年ほど前、散歩道で見つけた印象的な草花の種を蒔き、育ててみるとあざやかなオレンジ色の花が咲いた。まずその花の名が分からない。地元の図書館で調べて「チトニア」と知った。その語源が知りたくなった。しかし分からない。国会図書館でも見つからない。そのうちフランスへ行く機会があって、パリの科学図書館で聞くと自然誌図書館で分かるかも、と示唆される。広大な植物園の中にその図書館はあった。館に入る前、そのチトニアをその園で見つけてしまったという。そして、ここの司書がチトニアに関する文献を見つけてくれたのだ。この花の色は、ギリシア神話の暁の女神エオスの恋人ティトヌスを思わせるあざやかなオレンジ色だ。その色にちなんで、この花は「チトニア」の名がついたというわけだったのである。

以下、この本は図書館でものを探すことの実践記をなしている。著者は調べものの七割は地元の市立図書館で解決がつき、他は都立中央図書館と国会図書館で調べた、と言っている。常識的な見解と思われる。もう一つ参考になったことは、先刻から私がお勧めしている大学図書館の利用のことである。大学図書館が地域住民に開放されている比率は、「国立大学の六十五・二％、公立大学の七十・四％、私立大学の四十三・一％、全部あわせると、五十一％」ということだ。

（※注1）

『図書館年鑑　二〇〇二』の「図書館関係図書・資料目録　一九八一～二〇〇〇累積編」で、図書館に関係ある本というのを見てみた。これは、『図書館年鑑　一九八二年版』から二〇〇一年版までの「図書館関係図書・資料目録」に掲載された図書館関係出版物（単行書）を再編したものである。内容は日本十進分類法の「〇一〇～〇一八」が原則である。ではどのような内容のものが取り込まれているかを「区分」で見ておこう。

〇一〇　図書館、図書館学（図書館論、図書館と自由、図書館―歴史・事情、参考図書、論文集、評論集、講演集、全議録、逐次刊行物、団体、図書館学教育、職員の養成）

〇一一　図書館政策・行財政（図書館行政、図書館法令および基準、図書館計画、図書館相互協力）

第二章　ちょっとモノを調べに出掛ける

○一二　図書館建築
○一三　図書館管理（図書館職員、図書館事務の機械化）
○一四　資料の収集・整理・保存（図書館資料、図書の選択、蔵書構成、目録法、分類法、件名標目法、主題分析、件名標目、シソーラス、件名作業、資料保存、蔵書管理、非図書資料、特殊資料）
○一五　図書館奉仕・活動（障害者に対する奉仕、レファレンス・サービス、図書の貸出、移動図書館、読書会、読書運動、図書館の催しもの）
○一六・一　国立図書館
○一六・二　公立図書館（公共図書館―日本、公共図書館―ヨーロッパ・西洋、公共図書館―北アメリカ、児童図書館、地域文庫、家庭文庫）
○一七　学校図書館（小学校、中学校、高等学校）
○一七・六　短期大学図書館
○一七・七　大学図書館
○一八　専門図書館（文書館、史料館）

○一九　読書、読書法
○二〇　図書、書誌学
○○七　情報科学
○○二〜九○○　その他参考文献

これだけの範囲のもので、ざっと数えて見ると四千件の図書数が出てくる。それは二十年の刊行実績だから、毎年ほぼ二百冊もの図書館関係本が刊行されていることになる。加えて、同書の「図書館関係主要雑誌目次一覧」の巻頭にある、収録誌の題名をここに書きしるしておこう。

アート・ドキュメンテーション通信、医学図書館、オンライン検索、学校図書館、看護と情報、現代の図書館、国立国会図書館月報、情報管理、情報の科学と技術、資料組織化研究、専門図書館、大学図書館研究、大学の図書館、短期大学図書館研究、中部図書館学会誌、図書館界、図書館学、図書館雑誌、図書館情報大学研究報告、図書館文化史研究、日仏図書館情報研究、日本図書館情報学会誌、病院図書館、ほすぴたるらいぶらりあん、みんなの図書館、薬学図書館、LIBRARY and INFORMATION SCIENCE

レファレンスの受け方

私は図書館へ行って、いろいろと相談をしてきたのだったが、では相談係の人というのは、どのように相談を受けているのだろうか。大串夏身著『ある図書館相談係の日記』(日外アソシエーツ、一九九四)という本が、その詳細な例を述べている。著者は、東京都立中央図書館相談係に勤めていた人で、この本は一九八八年九月から八九年一月までの五カ月間の日記という態をなしている。聞く方は図書館に相談するのは初めてという人が多く、聞かれる例は初歩の話から専門的な相談まで、ずいぶんたいへんなものだな、ということがよくわかる。「相談係はどういうことを調べてくれるのか」と問われれば、「本に書いてあることなら、お調べします」「本に書いてあることでお答えします」というのが、この仕事なのだ。相談係の人は仕事で毎日毎日いろいろなことを聞かれているのだから、だんだん博識になってくるだろうが、(それはこういうことだったな)と自分の記憶で答えては絶対にいけない、ということになっているのである。記憶には間違いがある。かならず、その時どきに文献を調べて、ここにこう書いてあるから、こうなのだ、とお客に返事することになっているというのである。

係は、館内のカウンターで質問を受けるか、あるいは電話による問い合わせを受ける。東京都立図書館では、一年間にならすと八分か九分に一度電話が鳴るという。カウンターはそれよりやや余裕があるという程度。それらに一件数分で答を出していかなければならないのである。どんな質問が来るのだろうか。ある一日の問い合わせの様子を著者が書いている。①昭和十三年当時、「東京府」といったか、「東京都」といったのか？②昭和四十年五月二九日は旧暦で何月何日か？③アジア・アフリカの歯の治療方法び治療事情について書かれた本はないか？④JISハンドブックはないか？⑤海洋・マリンスポーツ関係の雑誌は日本でどのようなものが発行されているか、またその部数はどれくらいか？⑥「都市交通年報」の最新版はあるか、それは貸し出しができるか？⑦「日本ファシズム」第一巻を所蔵しているか？⑧看護・保健関係について専門書はそろっているか？　⑨フランチェスカ・アルバーニの絵がどの本にあるかわからないか、中世のバロック画家だが……。⑩白書はあるか、それはまとまって置かれているか？⑪市町村別の世帯数、人口、経済力、通勤通学者数などのデータはわかるか？　等々である。その他あらゆる種類の質問が押し寄せてくる様子がわかる。案外多いのは、何かのテーマを調べる必要があるのだが、そのための資料の探し方についてまず聞いているというものだ。

図書館そのものについての利用経験の少ない人にとっては、まず資料をどうやって探すのか、という段階で途方に暮れているようだ。参考文献、雑誌記事、索引、書誌などの用語が分からない、というわけだ。国語辞典、百科事典などを一つ引いてみれば分かるというレベルの質問もあるようで、まあ、そんなものに当ると、レファレンスの係員は物足りないのではないだろうか。

その他この本で見てみると、聞く方ももうちょっとチャンとした形で聞けばよいのに、ということもよくある。本のタイトルか、雑誌の論文名か分からない、外国人で、姓か名か分からないということもあるようだ。

それから図書館へ聞く「段階」ということもある。最寄の図書館に聞く。そこでは求められる蔵書がない。すると、一つ上位の図書館に聞いてくれる。そこでなければ国会図書館に聞いてくれる。内容によっては、ジカに、都道府県立中央図書館へ聞けば、相当の規模の蔵書を持っているだろうし、ものによっては、国会図書館に出かける方が早いということがあるだろう。国会図書館は、あまりの繁忙さに、ここでしか分からぬという調査にかぎってやって来てほしいという希望を出している。

そんなわけで、上位の図書館へ相談に行くには、何々と何々はこう調べてみたが、出てこなかったので、というように自分で調べてみた状況を言って、その上で調査を頼むことが適切だといえるのではないだろうか。

要するに、あらゆる範囲の質問について、参考図書類をフルに駆使して、最短距離を走ってスピーディに質問にアプローチし、回答を出していくというのは、まさに専門家としての司書の仕事といえる。数分で得られたこれらの回答は、じつのところ、著者自身も後で考えればもっといい答があったということも少なくない、と書いているように、質問者はじっさいのところは、もっと突っ込んでの調査を必要とすることが多いだろう。図書館で聞いた答で「あ、これです。」と喜ぶのは全部ではないと思われる。でもそこまでがたいへん。図書館の「参考係」はたいへんな貢献をしているのだ。

場所を変えて、もう一度

レファレンスということで、司書の人はどういう質問を受けるのだろうかという一例は今あげさせて貰った。図書館が違えば、あるいは同じ所でも、その日によってどんな人がやってくるか、分からない。別の司書の書いたものを読んでみよう。

「あの、教えてもらいたいんですけど……」と中学の制服を着た女子生徒が、児童室のカウンターに立って聞いたことは、「友達が年上の男性と文通していたが、その人が結婚することになり、失恋してしまった。」そのショックが見ていられないので力づけてやるべく何かいい本があったら教えて下さい、というのだそうだ。で、相談を受けた職員は「持てる知識を総動員し」て「バーバラ・ワースバの『ニューヨーク発初恋通信』と畑正憲の『生きる』を教えた。」また、「松田道雄の名著『恋愛なんかやめておけ』を付け加えたということだった。」（竹内紀吉『図書館のある暮らし』未来社、一九九〇）というのである。これなどは館員のきわめて主観的な回答で、愉快ではないか。

たびたび聞く図書館員の笑い話もまた、この本に出ていた。ある図書館員が「大鏡」はどこにあるか、と問われて職員が「大きい鏡はないが、小さいのは手洗いにある」と答えたという一件である。あの有名な歴史物語書の『大鏡』を思いつかず、普通名詞のそれかと思ったということの話は、うまく出来すぎているとも思えるが、ここまでくると図書館員の教養の問題といえるだろう。

どこまで探してくれるのか

司書さんは、どこまで探してくれるものなのだろうか。

ある本で、八日市市立図書館のモットーを読んで、トコトン探してくれるのか、すごいなあ、と思っていた矢先、その実例を読むことができた（『日本の図書館白書』）。……

八日市市立図書館で、『シマの生活誌』という本を借りた一市民が、その本を参考文献として挙げていた鹿児島の民俗に関する資料を読みたいとして図書館にリクエストした。図書館は、自館になく、鹿児島県立図書館と国会図書館に問うたが、ない。しかし八日市市立図書館はあきらめず、直接鹿児島に照会すると、著者が和泊町立図書館の元館長であることを発見して照会し、ついに未整理資料の中に二十ページほどの求められていた資料を発見し、請求者に手渡した、というのである。

元来、図書館は、求められた資料が自館になければ質問者にそう返事し、相手もそのまま引き下がることが多いのではないだろうか。しかし今の話は図書館側が気を入れて徹底的に探してくれて成果を上げた例である。しかしこれには偶然の要素もあって、いつもそううまくいくとはかぎらないだろう。しかし請求者が一人で悩むよりは、図書館ははるかに機能的に探せるはずだ。この図書館のネットワークが今、ドンドン広がっていることを忘れてはつまらない。

どこまで探してくれるのか、という利用者に対して、懸命な館員の気持が知られる文章にも出会う。清水純子「〈探さあならん〉の五原則」（『みんなの図書館』二〇〇一年二月号）でまとめてくれている。所蔵調査も難しいということである。

前書　ひと口に〈所蔵調査〉と言うけれど、正体不明の本だって探さねば。

①目録の確認　コンピュータに「ピッ！　有りません」と言われても、諦めずにいろいろやってみよう。

②情報の確認　利用者は図書も雑誌も〈本〉と表現する。失礼にならないように出典を聞き、〈本の正体〉を確認しよう。

③形態の確認　正体は確かめた。やっぱり所蔵していないと思っても油断は禁物。ひょっとしたら有るかもしれない。

④現物の確認　目録上は有るのだが、さて現物はいずこにというのはよくある話。

⑤類書の確認　「ポテトもいかがですかあ」を見習って、もう一言利用者と話をしてみよう。

後書　「本を探す」のは図書館員の大事な仕事、コンピュータにまかせてはいられない。

と、これだけ、館員さんはガンバッテいるのだ。これならありがたい。ことに、⑤にあるように、ハンバーガー屋さんに見習うなどはすごい。お店に行けば、たしかにハンバーグだけを買うつもりだったが、積極的な売り子に当たればツイもう一つ買わされてしまう。しかしそれでもっといい食事ができる。サービス業者と心得れば、図書館の人も利用者の勉強にも一つサービスを加えることになるだろう。

司書さんの武器

私たちが図書館の司書にものを探して貰う時、司書は何を武器にして探してくれるのだろうか。それについては何も秘密にしてはおられないので、参考図書を使います、百科事典を使います、その他いろいろです、などと言ってくれる。それどころか、文献探索法的な本は、図書館関係者の著書が無数といってもいいほど出ている。ただ、それをうまく使いこなすかどうかが、プロとしての司書のノウハウなのである。しかし、時代によって武器は進歩する。昔、日露戦争の頃の日本軍は三八式歩兵銃を持って戦っていたが、太平洋戦争になればそれも変ってくる。戦闘機・爆撃機の時代になる。二十世紀後半の戦争を見れば、ミサイルだの何だの武器もハイテクを競うことになった。

斎藤孝・佐野真・甲斐静子『文献を探すための本』（日本エディタースクール出版部、一九八九）を見てみると、一時代前の図書館本とは違って、かなり進歩した解説である。しかし二〇〇〇年頃になると、格段とまた話は変ってくる。インターネットの充実が、世の中、殊に情報流通に変革を与えたのである。そんなことは誰でも知っているが、それも具体的に資料検索の場でいえば、やっぱり図書館のプロに聞いた方がよい。そしてさらに、それだけ文献探索法の最新式はこうですよといわれても、なおやはり、いざとなるとまた図書館の人に尋ねて探すことがベターなのである。めざす本を見つけて貰って「ありがたい、ありがたい」とつぶやく人も多いだろう。それが利用者の気持なのだ。

さて、上記の『文献を探すための本』であるが、まず資料を探すといったって、自分のあいまいな知識を整理せよ、という。自分は何を知ろうとしているのかということだ。分からないといっても、①自分が知らない、②学問上、まだ解明されていない、③いろいろ意見があって、定説がない、という違いがあろうとこの本はいう。参考図書

（レファレンスブック）というと、①辞典・辞書　②事典　③人名事典　④地名事典　⑤便覧　⑥年表　⑦図鑑　⑧年鑑　⑨地図帳　⑩書誌　⑪その他　を掲げている。

われわれは百科事典など浅薄なことしか出てこない、とバカにしがちであるが、使い方によってたいへんな威力を発揮すると、プロの人がいうのである。平凡社の『世界大百科事典』もよい。『ブリタニカ国際大百科事典』もある。『玉川百科大事典』も古典的なものだ。『萬有百科大事典』もあった。これらは、すべてそれぞれ特色があり、手にした事典によって使い方が違うといっていいのだろう。最終巻の索引を上手に使う、関連事項を渡り歩いて探しまわる、などということをする。それと、こういう百科事典は刊行された「時代」を考える必要がある。限られたボリュウムにほとんど無限の知識を書き込もうとしているのだから、時代によってだんだん古くなると、項目が削除される。したがって、明治時代とか大正時代の話を調べようとするなら、現在の百科事典ではなくて、当時の最新だった百科事典の方がずっと詳しく、いいものが出ている、というわけだ。

百科事典が、現在のことを見るには現在の新しいものを使わなくてはならないように、文献探索法を知るには、その関係の、もっとも新しい本を読む必要がある。一番ホットな情報探しの要領が出ているはずだからだ。藤田節子『自分でできる情報探索』（ちくま新書、一九九七）でもまず最初は百科事典をひもとくべきだと述べているが、次に件名目録を探せとしている。蔵書目録には、①著者名から探す「著者目録」、②書名から探す「書名目録」の他に、③内容から調べることのできる「件名目録」がある。この頃図書館で目にするのは、ＯＰＡＣ（オパック）という言葉だが、これは「オンライン・パブリック・アクセス・カタログ」の略で、コンピュータを用いた蔵書目録である。従来の書籍の形をした諸目録、例えばその書名目録であると、めざすタイトルが書名の頭についたものしか探せなかった。しかしこの著者が例示に用いている「イルカ」の例でいえば、『イルカが人を癒す』『イルカと泳いだ夏』などの他に、「海の獣――イルカ」などという書名の本も検索できるのである。さらに、タイトルにイルカという文字がついていなくともイルカについて書かれた本も出せる、というのがすごいところだ。

現在出版され、流通している本は、『日本書籍総目録』（日本書籍出版協会、年刊）を見る。しかし絶版本と非売品の本はもちろん載っていない。それから、締め切りの関係で、去年までに刊行されたものしか見ることはできない。

この本で言っているのも、資料調べなら、やはりまずは公共図書館へ出かけること、そこですぐ探しているものが見つからなくとも、さらに探す手段、つまり司書に聞く、他の専門情報サービス機関を探すなどの手立てがあるというわけだ。

それから自分で情報を探すには、①索引法　②芋づる法　③現物法　の三つの方法があるという。百科事典や書物の索引には、見出し語とページ数の他、参照情報があるはずだから、それを用いて情報探索を展開せよ、というわけだ。それから本の記事にはまた参考書目や引用文献などが出ているから、そういうものまで芋づる式に探せ、ともいう。現物法とは、書架を直接ずうっと見て歩いたり、本そのものを拾い読みしながら探す、これは網羅的ではないが、思いもよらぬ情報を目にしたり、ひらめきがあったりということになるという。

その他いろいろなことがあるが、言いたいことは、常に新しい情報探索法が進んでいようから、こういう意味での最新情報にも注目するのがよい、ということである。

「満洲国国歌」はムリだった

この項目ではすこし私的な興味に走ることになるが、許してほしい。私は小学校の時、旧満洲にいたことがある。満洲国の存立に関する歴史的あるいは政治的な議論は今さておいて、その地に住んで例えば小学校時代をすごした経験のある者にとっては、子供時代の記憶は如何ともしがたい懐かしいものであることは当然だろう。そしてかの地で幼少時歌った歌などを、今でも知らず知らずに口ずさんでいることも多いのである。その一つに満洲国の国歌がある。ふっと思うと、小学校の時の校歌と同じレベルで、「テンチーネン、ユウリョーシンマンチュウー」などと歌っているのだ。それが何十年も続いているので、あの歌の歌詞が今どこかで見つけられないものだろうか、と私は次第に思うようになった。しかし、この時代に、あの歌の歌詞がちゃんとした形で見られることはほとんどなかろうと、あきらめてはいたのだ。しかし、思いつづけてはみるものだ。私はまったくの偶然から、これを見つけることができたのである。

私が仕事で出張した折り、時間があったのである町の図書館に寄って、パラパラと小説類の棚を眺めていると、佐藤吉彦『満洲・誰の大地』（近代文芸社、一九九七）という本の背を見つけた。「どんなものだろう」とこの本を手にして見ると、巻頭に「満洲国国歌」の歌詞が日本語訳までつけて、載っているのだった。「これは、大同二年（昭和八年）二月、建国一周年を記念して制定された満洲国の国歌である。歌詞は国務総理であった鄭孝胥の作、曲は日本人作曲家のものだが、いくらか哀愁をおびた旋律は満洲に住む日本人の心にしっくりなじんだ。いろいろな式典や行事のたびに斉唱されたのはもちろん、酒席の余興としてもさかんに歌われた。」というのである。私は「これだ！」とようやく納得したのであった。

しかし、さらに新たな疑念が湧いてきたのだ。もう一つ、「満洲国国歌」の日本語版と教えられて歌ったことのある、「オーミヒカーリ、アメツチニミーチ、テイトクハ、タカクトーオトーシ……」という日本語の歌詞も私の口を衝いて出てくるのだ。「あれは何だったのだろう。」私は都内のある区の中央図書館で、満洲国国歌の歌詞が調べられないだろうか、とレファレンスを頼んだ。お決まりの通り、パソコンで調べてくれたが、世界の国歌にはもちろん出てこないし、満洲国についてもごくわずかな資料しかない。国会図書館の資料をインターネットで引いてもらうと、たくさんの「満州国」がらみのものが出てきた。しかし題名を見ていてもほとんど歌詞が載っていそうな件名のものは見当たらない。そこであきらめてしまった。館員さんは、「昔のことはねえ……」とつぶやくのだった。若い図書館員は、私の生まれた頃の話は「昔のこと」で、レファレンス的にも苦手という雰囲気だった。

そしてこの後、さらに雑誌『諸君!』(二〇〇二年一〇月号)の久世光彦氏「マイ・ラスト・ソング一二五回『国歌いろいろ』その二」に、満州国国歌の話が出ているのを見つけたのである。久世氏は、満州国には歌詞「神光開宇宙　表裏山河壮皇猷……」で始まる「満州国国歌」があったが、さらに「これにはもう一つ対になった歌があり、〈満洲国建国歌〉という。不思議なことに、私にはこの歌を歌った記憶がある。いまだって、うろ憶えの中国語で歌うこともできる。いくら軍国主義時代とは言え、まさか小学校で習ったはずはないし、この記憶の周辺だけは、いまもよくわからない。」と言うのである。

私はふたたび、このことに挑戦してみたいと思い立ち、国会図書館に出向いて自分で検索をし直した。先の館員さんは、百余点の満州関係図書のタイトルを見て全体を見渡し、それでサジを投げたのだが、実は若い人にはムリかも知れない一つの落とし穴があった。……ここは戦前は「満洲」と「サンズイ」がついていたのである。それが今は常用漢字にないせいか、「満州」になっている。国会図書館は「満州」で件名索引を引くと、751件、「満州国」では114件出てくる。しかし、これと別に「満洲」が1314件、「満洲国」で283件もあるのだ（ちなみに、いずれも「……国歌」と引くと、共に0件である）。つまり「満州」ではなくて、「満洲」も意識して貰わないとこの件の半分以下しか検索していないことになるのである。

ともあれ、それらのほとんどすべてはほとんど可能性のないタイトルばかりだった。しかし私はなお、その多数の書物の中で、カンで武藤富男著『私と満州国』という本を検索し、パソコンの端末上でこの目次を見てみたが、これでも可能性は薄かった。著者武藤富男という人も聞いたことはない。それでも「まあ、何が書いてあるかな」と書庫から出して貰ったら、結局これが大正解となったのである。

武藤富男著『私と満州国』（文藝春秋、一九八八）に、満洲国国歌の経緯が詳細（三七三～三八五ページにわたって）に述べられている。この著者武藤氏がまさに新満洲国国歌制作の当事者であったのだから、現在これ以上に的確に根拠を示すことのできる文献はないと思われる。この本を簡単に箇条書きにして紹介してみよう。

① 東京地裁判事出身で満洲国官吏（当時弘報処長）になったこの本の著者武藤富男氏は、昭和七年の建国直後につくられた満洲国国歌（「天地内有了新満洲……」）は作詞者初代総理鄭孝胥の個人的感覚の強い儒教的民主主義の歌であり、帝政国家の歌としてはもうひとつ適切でないと考えていた。そこで昭和十七年四月、この年九月十五日に催される建国十周年を記念して新国歌を制定しようと、満洲国政府部内に提案した。

② これが受け入れられ、五月には国務総理を委員長とする新国歌制定委員会が設置された。武藤氏は新国歌起草委員長に任ぜられ、日系委員四人、満系委員四人を決めた。八人の合意により、まず日本語歌詞をつくり、その作曲をなし、満系委員はその作曲によって満語歌詞をつくることとなった。こうして日満、同一の曲で歌えることになる。

③ 日系委員が作った歌詞は次の通り。「おほみひかり　あめつちにみち　帝徳は　たかくたふとし　とよさかの　万寿ことほぎ　あまつみわざ　おふぎまつらむ」　しかし作曲は満洲音楽団に任せることになった。武藤氏は東京の山田耕筰、信時潔の両作曲

家に見てもらい、一カ所のみ小さい修正を得て、曲は決まった。

④八月二十日、満系委員は満語歌詞を完成させてきた。「神光開宇宙　表裏山河壮皇猷　帝徳之隆　巍巍蕩蕩莫興儔　永受天祜兮　万寿無彊薄海謳　仰賛天業兮　輝煌日月侔（神光宇宙を開き　山河に表裏して皇猷を壮んにす。帝徳の盛んなる　巍々蕩々としてともに比ぶるものなし。永く天祜（コ）を受く。万寿無窮を薄海歌う。仰いで天業を賛す。輝く皇帝の威光は日月に等し。）」この満語歌詞は「帝徳」と「万寿」の熟語は日本語歌詞と合い、趣旨にかなっている。両国語で同一曲で歌ってもピッタリ合っている。

⑤昭和十七年九月十五日の満洲建国十周年記念式典に披露され、この新国歌は制定された。しかし、旧国歌も廃歌とはならず、「建国歌」として保存され、永く歌われた。

これがいきさつである。新国歌は三年足らずの寿命であったわけで、この本の著者武藤氏も「今は老齢に達した方々で、若き日、大同学院や建国大学に学んだ人たちが集まって昔を語る時、必ず合唱する歌は『天地内有了新満州……』である。」として、自分が関わったものがそれほどに用いられなかったことに複雑な気持を抱いておられるようだ。

建国歌は人気高く、宴会でもなんでも、いたるところで歌われたので、私たち児童も知らず知らずに耳にしたのだろう。一方、新国歌はあまり普及もせずに終えたため、私も日本語満洲国歌としては記憶していたが、久世氏も歌詞は目にされても、この曲は意識なさるほどに至らなかったということなのだと思われる。

話はこれでようやく終りである。やはり、これは私が自分のことという問題意識で執拗に思い続けた結果、偶然も手伝ってくれて正解を見出せたのだろう。図書館のレファレンスにここまで求めるのは酷なようである。

「日本読書株式会社」は参考になる!

司書がレファレンスに励んでいる話はすでにしたが、さて、巷には読書相談について、もっと難題が転がっているようだ。私は図書館で、本の雑誌編集部編『日本読書株式会社』(本の雑誌社、二〇〇一)というものを手にして、この内容のアイデアに驚いた。まず、はしがきの「日本読書株式会社とは何モノか」というものを読む。

……つまり、会員制の読書会社なんだ。登録するときに綿密な面接をして、その人の過去の読書歴を聞き出してカード化しておく。どんな本に感動したことがあるのか、ということだよね。それに生まれた町、育った町、家族構成から食事の好み、失恋体験から好きな異性のタイプまで膨大なデータを蓄積しておくわけ。で、その会員から「会員番号113番の山田だけど、これから急な出張で大阪へ行くことになった。新幹線で読む本を教えてほしい。重要なビジネスの前だから、リラックスできる本がいい」と電話がくると、受け付けがスカッとしたアクション小説がいいなと判断してミステリー課にまわして、その担当が山田さんのデータを参考に、新刊をおすすめすると。

このアイデアによると、社員は毎日本ばかり読んでいる。読んだ本でないと、薦められないからだ。……結局、この現実離れしたアイデアは実現せず、WEB「本の雑誌」

は「読書相談室」を始めた。実際には難題だらけだ。例えば、「元気が出てくる本を教えてほしい」といってこられても、その人の性格や読書体験によって異なるだろう。相談員が推薦しても、その本が果たして本当にフィットしたかどうか、心配だ、という。それにしても、この本、ふざけたようなものだが、役に立つところもあるかもしれない。内容は読みたい相談・パートIは、「テーマ別」だが、「お疲れさまのおすすめ本」の中は、仕事で疲れた、イヤな上司、暇で困って、……などと続く。

「おじさんになって、ついつい先が見えたような、小市民的気分になってしまいます。どーんと男のロマンを感じさせてくれるような、スケールの大きな小説はないでしょうか」という質問がある。「……なんといっても北方謙三の『水滸伝』(集英社)です。これはすごい。これまでに柴田錬三郎も吉川英治も書いてきましたが、まったく新しい水滸伝です。……」

こうして二百五十余の質問に、この本の相談員七人が丁寧に相談にのって、おもしろい回答をしている。もう一つだけ質問の例を。「読みながら、ドキドキしたり、胸が痛くキュンとしたり、最後は、『ふー』『あー、よかった』と思えるような恋愛小説。主人公は三十代後半で、不倫ではない恋を」というのである。そして回答に挙げられたのは、志水辰夫『行きずりの街』（新潮文庫）であった。

普通の図書館では、どうだろうか。参考になる話か、難しい、と言われるだろうか。

コピーはありがたい

図書館でありがたいと思うことの一つは、探した資料がコピーできることだ。以前はこんな便利な方法がなかったから、皆書き写した。書き写すというのは、誤りが必ず生じてしまう。カメラを持ち込んで複写という方法もないではなかったが、学術的なもの以外ではそう用いられることではなかった。それが今は当然のようにコピーする。ところが、この手続きが図書館によって差がある。

一番ありがたいのは、各人がコピー機へ行って、一枚十円で勝手に取るというものである。これで、自己申告的に自分の名前と何枚コピーしたかをノートに書きこむ。こんなこと何になるのだろうと思っていたが、後でこの図書館のレポートを見ると、年間蔵書資料が何枚コピーに取って利用されたかという統計に用いられるためであった。次に、一々館員に頼んでコピーを取って貰う、というシステムの図書館もある。そこではあらかじめ申込用紙に、何という本の何ページから何ページを取ってほしい、と書き込まなければならず、相当煩わしいものである。以前はこの方式を取っていた所がだいぶんあったように記憶するが、今は減ったと思う。国会図書館は業者が入っていて、この方式で処理される。しかもコピー代は一枚三十円であるから、大量にコピーをと思う場合は相当痛い。しかし、望む資料を図書館で見つけて、コピーをすることができてこれを持ち帰る時は、何ともうれしく歓喜にあふれるものだ。

それにつけても国会図書館の事例は別として、他の公共図書館でもコピー作法に差があるのは、どうしたものだろう。著作権の保護というのは分かるが、こんなに個別の差があるのは奇妙なことである。

第三章　読書に出掛ける

本は買って読むものか

きまぐれに、いや、ひまつぶしに図書館に出掛けると私は（第一章で）言ったが、もう一度ちょっと考えるところがある。前から思っていたことで、今さらというわけではないのだが、それは、本は買って読むべきだという古くからある「読書人の常識」にこだわるかどうか、ということである。私の先輩で、本を古本屋から買うということにも嫌悪の念、軽蔑の気持を表わす人がいた。他人の持った物は汚い、というのだ。こういう人はほとんど図書館は使えないだろうと思う。そういう意味からでなくとも、本は自分の手元に置いておくものという考えの人は少なくない。読書人といわれる人はむしろその方が多いかもしれない。私でも、無限の購書費用を持ち、無限のスペースのある書斎を持っていれば、読む本は全部自分で買って持っていたいと考えるだろう。

本を読もうと思ったら、わざわざ図書館まで出かけていかなきゃならないってのは、まず億劫な話です。そして、図書館というところは、人がいっぱいいる。それから、声を出しちゃいけない。閲覧室でちょっと何かおしゃべりなんかすると、「シーッ」なんていわれたりなんかする。あんな状態のなかで、私は落ち着いて本なんか読めないと思う。だからどうしても館外貸出ということになる。すると、一週間なら一週間で読まなきゃいけない。でも本はそういう脅迫観念的時間枠のなかで読むべきじゃないんです。（中略）だからね、とにかくまず買うということを前提にしないと、少なくとも読書というタームズにおいては実り多いものは得られない。ということはね、まあ、お金はかかるんです。けれどもね、世の中でね、金をかけないで何か実りを得ようという考えは間違っていると、私は思うんです。（林望『知性の磨きかた』ＰＨＰ新書、一九九六）

というのは、典型的な論だろう。ある研究テーマをもって学問研究をしている人は、特に自分の蔵書でしか使えないという人が多いのではないだろうか。しかし外国の研究者は個人蔵書が少ないといわれる。日本研究者はこれを評して、どうして図書館の本などで研究ができるのだ、とふしぎそうに言う。習慣の差なのだろうか。

読書するには自分の本でなければ、という主張は、一つには本は汚して読むものという考え方からのものである。昔から本に書き込みをして読む習慣のある読書人は少なくなかった。夏目漱石などもさかんに本に書き込みしながら読んだようだ。その他の人々でも本の空欄に、「そんなことはない」「バカをいうな」とか、「その通り」、あるいは様々な自分の意見を書き込みながら読む人がある。これは著者と議論しながら読書するようなもので、読書成果はすこぶるあがるだろう。こういう熱心な読み方をする人はあまりいなくなったのかもしれないが、それでも傍線を引きつつ読む人は今でも少なくない。私は、重要な個所の上には付箋をつけて読むことが多く、後で自分の蔵書を見ると、付箋をほとんどつけてない本はいずれ処分、ということにしているぐらいである。

傍線をつける、それも鉛筆でつけるなら後で消せるが、ボールペンや赤鉛筆などでは、そういう処置もできない。先ごろ来、ベストセラーになった斎藤孝氏の著作では、三色のボールペンをもって傍線を引きつつ読書することが勧められているのだから、これはどうしても自分の本でなければならない。……「まあ大事」と思われる文章には青線を引く。「本の主旨から重要な」部分には赤線を引く。「主観的におもしろい」と思われるところは緑色の線を引くということを行ないながら、本をしっかり読むべしというわけで、これは確かに読書の有効な方法である。買って読む本と、借りて読む本の区別が必要である。

さらに言えば、「愛書」の気持に関わってくる。まず「自分の本」という親しみを確保しなければならない。昔は自分の本に蔵書印を押す人が少なくなかったものである。「書票」を貼る人もいた。私の畏友Tさんの所作を聞こう。「私は本を購入すると、万年筆で自分で作った図書目録台帳なるものに購入年月日、著者名、書名、出版社名、定価、購入書店名を書き入れる。それから本の扉に蔵書印を朱肉で丁寧に押す。夜が更けてから一人静かにこの作業をするのは楽しい。この儀式を経ることによって、やっと自分の本になったという実感がわく。この瞬間が私の至福の時である。」（同人雑誌『神保町の燈り』十七号、二〇〇一年三月）

愛書家かならずしも図書館を忌避する人とはかぎらないが、自分の本でないと落着いて読めないという人はある。その上に、書物を愛すること熱烈なる人は、図書館の本ばかり読んでいるなんて、と浅薄な感じを持つのかもしれない。本は自分のもの、という認識をはっきり持つことができれば、内容もより身につくに違いない。自分で勝手に本をいじる、これがなによりこたえられないというわけである。本を買うと、カバーや腰巻をすぐに取ってしまう人、取らないでまったく買ったそのままで読みだす人と、いろいろな読書人があるが、それぞれ本を買っての自分流の所作が決まっているのだろう。

ところで図書館の本は不特定多数の人たちが読み込んでいて、汚れたり、くたびれたりしている。それが何となく図書館の本らしく、心になじむという人もある。図書館の本は、購入されるとまず分類処理がなされ、整理番号が付けられ、図書館の蔵書を示すハンコが何カ所か押される。もちろん表紙についていた帯ははずされ、カバーはそのままビニールなどでピタリと表紙に装着されることが多い。上製本も並製本もガッチリと固められ、表紙を持って振っても何も落ちない状態になっている。これが図書館の本なのである。

借りた本は、例えば二週間以内になどという期間で、返さなければならない。そこで、まず読み流して済む本はいいが、やはり記録しておいた方がいい場合があるはずである。要約、感想など、そして引用することがあるかもしれないと考えれば、コピーをとっておく。あるいは、抜書きをしておく。こういう作業が必要なのは、実は借りた本についてのことである。自分の本であればいつでも見られる、見返すことができる、というわけだが、借りた本はしっかりと読み込んでおかなければならない、これが逆に借りた本のメリットといえるかもしれない。

図書館で下読みを

図書館の本で読むのは下読みなのだ、と考えている人もある。この頃のように皆の家計が貧しくなった場合は、おたがいふんだんに本を買うことができない。財布に余裕があったら、目ぼしいものは手当たり次第に買って帰ればよかったが、今はそうはいかない。そこで図書館でいろいろ本を読み漁り、それでこれはいい本だ、自分の手元においておかなければならぬ書物だと見極めをつけたら、それを買うというのである。

これは正論に近いが、現実はそううまくいかないことが多いだろう。「読書人」は新刊本屋をいつも回っており、常に何かいい本、おもしろい本はないかとクンクン良書の匂いをかぎ回っているのであって、自分のカンでスパッと買いたいのがほんとうなのである。それを、本屋の書棚の前でこれはおもしろそうだが、いずれ図書館で十分吟味してから買うかどうか決めようというのはなんだか現実離れしている。だいいち、図書館にすぐその新刊書が入っているかどうかは疑問である。

しかし、そうはいっても、この方法が役立つ場合もないではない。そんなに最新刊と限らなければ、十分有用な方法であると思う。自分にとってほんとうに重要な本というのは生涯にそうたくさん出会うわけではない。手元において常に見返すという、いわば座右の書というものは、たくさんはないはずだ。たいていは一度読んで、それで終りということが多い。しかしそれでも手元にあるかないかは大違いという考え方もある。蔵書をしっかり持った安定感というものがある。

私が社会人になった頃、まず良書に出会ったという感じを持ったのは、デール・カーネギーの『人を動かす』（山口博訳、創元社、一九五八）であった。刊行後すぐに書店で見つけて買って読み、四十年後の今も私の書棚の一番目立つところにおかれている。当時、入社早々の私の配属先が工場総務課の労務担当であったから、なおさらでもあった。この書の内容を目次で書き流すと、人を動かす原理、人に好かれる法六、人を説得する法十二、人を矯正する法九、奇跡的効果をおさめる手紙、家庭を幸福にする法七、ということだけのものである。その中で「まず、ほめる」という言葉は生涯忘れない。これが人を動かす何よりの原動力なのだ。

「私は大学の法学部を出ました」といっても、法曹関係の職についた人以外はあまり大学で学んだ法律の専門知識を用いることはない。会社の事務系ということで採用されたわれわれは、法、経済、文、社会、いずれの学部を出た人間もごちゃまぜにして社内教育を受け、しかるべく配属された。理系の人はもっと専門知識を生かしてやられているのかと思っていたが、ノーベル賞の田中耕一さんのように電気科を出て、化学の仕事をやった人もあるのだから、理系でも学校の専攻はかならずしも用いられていないようだ。社会に出てしまえば、別途「実学」がものをいう。社会一般と考えてみても、企業で、日常生活で、もっと必要な知識は学校で教わらぬままに、自分で入手しなければならないのだ。だから読書が必要なのだ。

それから四十年。定年後また、「あっ、こんなすごい本がある」と驚かされたのが、ロバート・キヨサキ、シャロン・レクター共著　白根美保子訳『金持ち父さん　貧乏父さん』（筑摩書房、二〇〇〇）であった。

「ああ、この本を四十年前に読む機会があって、今の認識をもって読んでいたらなあ」と思ったことである。ところが、仮に四十年前に本書を読む機会があったとしても、今の私の認識がなかったら、二十代の私はこの本の教えるところにしたがって行動し、しかるべき成果をあげることはやはりできなかっただろう。そう思うと、本というものは同じものであっても、いつそれを読むかで、理解がまったく違うのだ。定年後の今の私が読むからこそ、この本の意味がよく分かる。定年を迎えてしまえば、サラリーマンは皆また平等に一線に並んでしまうものなのだ。会社で相当の地位に達した人、すばらしい成果を上げたと見なされた人があっても、それらはすべて会社という小宇宙の中でのことであって、外の世界に通用するものではない。今話題になるのは、その人の才覚で在職中すでに相応の資産をつくり、定年後潤沢に用いられるだけのものを残したかどうかということである。

先ほどの金持ち父さんの本はなかなかおもしろい。この本の登場人物ロバートは二人の父親を持った（うち一人は本当の父親ではない。友人マイクの父なのだが、実の父親のようにつき合ってくれた）。高い教育を受けた（実の）父親は息子ロバートに、いい会社に入って会社のためにしっかり仕事をせよ、と勧めた。一方、金持ちの父親は、自分で会社を持つことを勧めたのである。一生懸命に勉強して「頭のいい人間になる」ことを先の父親は教えたが、後の父親は「そういう人間を雇う立場になる」ように息子に言ったのである。二人の父親は生涯懸命に働き、結構収入も多かった。しかし先の父は最後まで金に苦労し、死ぬ時未払いの請求書多数を残した。後の父はハワイでもっとも裕福な人間の一人となり、慈善事業に巨額の寄附をし、資産を残した。こういう二人の父親から教育を受けた私（ロバート）は四十七歳で引退したが、後は何もしなくても資産は増えていく。本当の金持ちというのは、自分がその場にいなくても収入を生み出すビジネスをしているのだ。高い教育を受けた父さんは、いつも安定した仕事につくように勧めたが、金持ち父さんは、自分が一番好きな資産を手に入れるよう勧めたのだ。

金持ちは資産を買う。中流の人は資産と思って負債を買う。貧乏人は支出ばかり、というこの本の表現は、読者にこたえる。この人のいうようにやればよかった、しかし今では遅すぎた、と私は苦笑する。そして周囲を見回してこの金持ち父さんのような人はいるだろうか、と何百人かのことを思い巡らす。ああ、一人だけ、あの「Kさん」はこの本でいう「金持ち父さん」と言っていいかもしれない。大会社の取締役を一期だけやってやめ、後は自分で会社をつくって静かにやっている。若いうちは苦労されたサラリーマンだったが、今は相当の資産家に到達している。私の見渡すところ、この人以外は皆、貧乏父さんだ。ローンで家を建て、これでまず資産を作ったと思っている。持ち家なんて、ローンの返済、修理、固定資産税などと金食い虫なのだ。これは負債だったのだ。それなのに、持ち家を建てるのに窮々としてきたのがほとんどのサラリーマンだ。皆、揃って貧乏父さんだ。「従業員はクビにならない程度に一生懸命働き、経営者は従業員が辞めない程度に給料を与える」というのもおかしい。でもたしかにこの本はいいことを教えている。いわば読んでものすごくこたえてしまったのが、この本なのである。

……先のカーネギーの本、あるいは『金持ち父さん……』こういう本は、買って置いておいてもよさそうだ。図書館はこうして最新刊の本でも、しっかり吟味して買っているのかどうか。

「図書館で読める本」

おもしろいエッセイを見つけてしまった。歌人俵万智さんは、職業がらということもあって、たいへんな量の蔵書を持つ。３ＬＤＫのご自宅は本だらけ。お母さんが見かねて整理整頓の指南をされる。そこで基準を下さったというのである。

……しゃれたものであるはずの出窓にも、本。洋服で埋まるはずのクローゼットにも、本。意外とスペースがあって重宝している靴箱にも、本。台所の電気釜の隣にも、本。とにかく我が家は、ありとあらゆる空間に、本が増殖している状態だ。（中略）やはり、どうにかしなくては。数年前から、母はこんなことを言うようになった。

「図書館で読める本は、処分しなさい」。

心を鬼にするときの、一つの基準である。これは、かなり説得力があって、胸に響いた。たとえば、必要かどうか、というような基準は、あまり役に立たない。今すぐにではなくても、いつかは必要になるかもしれない……。その可能性は、すべての本が秘めているのだから。（後略）（俵万智「本と暮らす」『図書館雑誌』二〇〇二年一月号所載）

俵万智さんは言う。最近の図書館はコンピュータ管理が進んでいて、検索をすればすぐ本が探せる。自宅の本のジャングルで探すよりずっと早い……というわけだ。まことにこのお母さんの言は適切な言葉ではないか。これは最初から、本を買う人の側の基準にもなる。この頃は蔵書で溢れ返った自宅の本棚に皆、悩んでいるはずだ。図書館に買って貰える本は自分で買っておく必要はない。自宅で備えておかなければならないのは、図書館で買って貰えないような特殊な本、自分だけに特化して、ほしい本にかぎればよいのである。私の敬愛する大の本好き人間T氏も、かってあまりドンドン本を購入されるので、奥さんは、もう家に収容しきれないという理由から、Tさんが本を買って家に入ることに厳しい難色を示されたそうだ。そこでTさんは一計を案じた。二階の書斎の窓から一本の紐を地面にたらしておく。しこたま本を購入して帰ったTさんは、これらを紐に結わえておき、「ただいま」と手ぶらで玄関を通過し、難なく奥さんの面前をクリアする。しかる後、書斎の窓から先ほど結んでおいた数冊の本をスルスルと繰り上げて書斎にこの本を呼び入れ、一人ニンマリとするのである。かかる労苦は、やはり大量の本というものがかさばって、家の居住性を悪くするからであろう。

さて、先ほどの俵さんのお母さんが言われたのは、図書館側の書物購入選択の基準をも指摘している。つまり、図書館は、ある程度一般的な本は買っておいてほしい、ということなのである。ところが別の方からも図書館の本の購入「基準」を考えることがある。私の知人Bさんは、図書館の購書基準をテストしてやろうという気持もあったらしい。過日、軽い気分でごく手軽な（くだらない）本を何冊か購入依頼したという。ところがそれは簡単に全部買って貰えたそうである。そこで、Bさんは、「何だ、こんなものまで図書館が買うのか」と思った。むしろ軽蔑を感じたという。この図書館は、自らの購入基準を持たないのか、理念はないのか、言われるままに本を買っていくのか、というわけだ。

図書館の本を買う基準、つまり、この図書館はどういうポリシーで本を買い揃えていくつもりなのか、これも大事な図書館の問題だろう。

私はかねて、図書館の本というものがどのようにして選ばれて購入されているのかということに関心があった。新刊書の案内は新聞雑誌などでしょっちゅう出ていて、これは読みたいなと思うことがしばしばである。するとまず考えるのは、この本は図書館で買ってくれているかなということである。これは誰でも同じだろう。だからこそ、興味ある本が出れば、利用者はそれをめがけて図書館の窓口に殺到するのだ。借りたい本は一番乗りしないかぎり、もう誰かが借り出してしまっている。そこで「予約」をするが、すでに何番目ですよ、といわれてしまうのである。

今、日本では年間六万点の書籍が刊行されており、一点の平均単価二五〇〇円を掛けると一億五〇〇〇万円の財源があれば、全部一冊ずつは買えるということになる。しかしどこもそんな財源はないだろうし、現実にそうはいかない。そうすると、やはり図書館側は任意に買っているのだろうか、と考える。

「図書選定には統一的、継続的、総合的の三原則が考えられる」（津金幹彦『図書館資料の構築』東海大学出版会、一九八五）というが、図書館はまず自分の図書館の性格から購入の大方針は決まっているだろう。そして上の三原則にしたがって、購入図書が決められるのだろう。専門書は特定の専攻学部学科のある大学図書館は別として、市中の公共図書館はあまり買わないだろう。図書館では、本の選定に際して参考にするいくつかの手引きがある。一般的な図書総目録的なものがあり、その上に推奨的なものがあるだろう。要は個別の図書館には特定の方針がやっぱりあるだろう。うちはこういう本が好まれる、という感覚と、こういう傾向でいきたいのだ、ということがあるだろう。図書選定は、それにより図書館運営の方向付けがなされるほどに重要なものなのである。

ジックリ本を読みたい

定年後しかるべき年数を経た私は、時間的にも余裕ができた。すると、今度こそジックリ本を読む気が出てきたものである。

私個人の読書環境の遍歴を思い出すと、子どもの頃は戦前の少年講談や軍隊もの、冒険もの、『敵中横断三百里』とか『見えない飛行機』などというものに熱中した。一方では文学ものもあった。私は家で長兄の買ってきてくれた『ロビンソンクルーソー』

や、『ガリバーの冒険』などが印象強く記憶に残っている。

長じて学生時代、この頃はもう文学青年に徹した。法学部にいたから社会科学系のものにも関心がなかったわけではないが、自分で読む本は文学書が多かった。鴎外、漱石、芥川などから堀辰雄、梶井基次郎などおもしろいとなると、それぞれ個人全集を求めてまで読んだ。ゲーテ、スタンダールなど外国文学なども読んだ。

社会人になると、一転、私も経営学青年になった。昭和三十年代、「経営学ブーム」が起ったのだ。坂本藤良箸『経営学入門』がベストセラーになり、多くの会社員は自分の職業からも、こういう本を読み漁った。その後は社会も経済も変化し、何事も次第に多角化したから、ベストセラーといってもいろいろな分野のものがそれに該当するようになった。出版界もその都度、様々なブームをもたらした。やがてバブルははじけ、わが国の経済は下り坂に向かい、今日に至る。団塊の世代といわれる人々も次第に高齢化してきた。私も定年に至った。思えばしゃにむに走りすぎたビジネスマンの人生だった。たいした趣味も持ち損ねた。まとまったことはしなかったなあ、という反省もある。在職中はなにしろ、いつも忙しかった。暇がなかった。会社では残業が多く、つき合いもある。毎日帰宅は遅かった。高度成長期やバブル期、ビジネスマンたちは収入は増えたはずだが、心にゆとりを保って悠々と人生をすごすという人は少なかっただろう。私も本格的な読書は遠のいたままであった。

さて、この頃のわが国は、六十五歳以上の人がすでに千五百万人もいるということだ。その中では定年後の人が圧倒的に多かろう。この年齢の人では現役の人はもはや少なく、暇をもてあます人はたくさんいるはず。そこで今、ジックリと読書したいと思う人が多いだろう。

文学全集の品揃え

私は学生時代から二十代後半にかけて、個人全集に凝っていた。今のことばでいえばハマっていた。日本の作家の多くのものを全集で手に入れ、それに読みふけった。今、私の手元に、久しぶりに取り出してきた『梶井基次郎全集』（筑摩書房、一九五九）がある。奥付けには、懐かしい「著者検印」がある。著作権者が一枚ずつ二センチ角ほどの小さな紙に自分のハンコを押し、これを奥付けに貼ったのである。昔はこれが当り前だったのだが、昭和三十年代あたりでこの出版界における慣習は終ったようだ。さて、梶井のものはわずか三巻ものである。梶井は若くして死んでしまったから、作品といえるものは少ない。全三巻の全集といっても、「作品」は第一巻一冊の半分しかない。その後半は習作である。第二巻は遺作・批評・感想など、第三巻は書簡・雑編などである。私はこういうのが好きなのだ。個人全集は、作品以外の細かな断簡零墨にいたるまで、故人の息のかかった資料を集めてある。これらは作家が亡くなってこそ集められる種のものが多い。つまり作家は亡くならないと完全な全集を出すことはできない。存命中の作家の全集というのはあやしいもので、作品の大半を集めたものにすぎない。読者からすると、作品は存命中に単行本で読んでいるが、その後、書簡だの、メモだのが出てきて、そういうものをも読むのがおもしろいのである。梶井の作品といえば、まず「檸檬」だ。これを読み出すと、気持も躍る。

えたいの知れない不吉な塊が私の心を始終圧へつけてゐた。焦燥と云はうか、嫌

悪と云はうか ―― 酒を飲んだあとに宿酔に相当した時期がやって来る。それが来たのだ。これはちょっといけなかった。結果した肺尖カタルや神経衰弱がいけないのではない。また背を焼くやうな借金がいけないのではない。いけないのはその不吉な塊だ。（以下略）

こんな書き出しだ。大正十三年（一九二四）の作品である。こうして私たちは、文学作品の「全集」を楽しむのである。

生意気なようだが、全集を読むことはその人の全人格を味わうということで、かけがえのない楽しさがある。ひまがあったら、ぜひ気に入った個人全集を読むことをお勧めしたい。そしてこういう全集こそ、図書館の蔵書として得意とするところなのである。

長編小説に挑戦

その次は長編小説である。度々、若い時は、などと持ち出すのは気がひけるが、やはり誰でも若いうち、例えば学生時代は本なども読むひまがあった。そしてたしかに長編の小説にも手を出して読んだものだ。それがだんだんなまけ者になってしまって、長い作品を読むのは億劫になってくる。……しかし、幸か不幸か今や十分に時間がおありの方は再度、長編小説を読み始めることがいいと思う。

何をもって長編小説というか。『日本大百科全書』（小学館）で「長編小説」を引いてみると、以下のような作家の作品が挙げられていた。バルザック、ゾラ、トルストイ、ドストエフスキー、ディケンズ、サッカレー、ロマン・ロラン、ジュール・ロマン、トーマス・マン、プルースト、ジョイス、フォークナー、シモン、ビュトール、マルケス、それから日本文学では作品の名になる。源氏物語、平家物語、南総里見八犬伝、破戒、こゝろ、或る女、夜明け前、細雪、レイテ戦記、死霊……。何やら入学試験の問題のようになったが、お好きなものを読み出せばよい。今は時間をかけることが一つの目的みたいなものだとすれば、出てくる登場人物を手元のメモに書きおいて、多数の人物が出てくるなら、その相関図などを書きながら進むとよいかも知れない。長編小説を読むことはしんどいけれど、読んでも読んでもまだ先があるから、読みつづける楽しみがあり、そして読み上げた時は、またその達成感があり、嬉しくなるのだ。

面倒だけど読書メモでも

図書館でじっくり読むのは何も大作には限らない。手当たり次第にぶち当たった作品でもよい。とにかく、落着いて何のこだわりなく虚心に読書に没頭したいのである。そしておもしろいものを読む。むしろ、長くなくとも短編のよさを味わうというのでもいいではないか。私は今、大江賢次という作家の『絶唱』（講談社ロマンブックス、一九六〇）というものを以前読んで、ロマンティックなおもしろい話にたいへん感動したことを思い出した。私はそれまでこの作家について何の予備知識もなかった。その後この人の他の作品も読んだことはない。いつ、どこで、どんな店で買ったのか、その経緯も覚えていない。とにかくなぜか、この本を手にし、読んですばらしかったことだけを記憶しているのだ。こういう読み方もある。

人は一冊だけの本を読むのではないから、できれば読書ノートを用意しておき、読んだ本の題名・著者名・発行所などだけでも記録しておけばよい。どこで買ったか借りたかも記録しておくと好都合である。そこで欲をいえば、感想だの、内容だのと書きとめておけば、後あとになって有効なこともあるが、あまり気張ってしまうと続かないから、まあ、最小限、今年は何冊読んだかなあ、ということが分かる程度でも書いておけばいいかがだろうか。

本当をいうと、この「読書ノート」を本格的に実行して、詳細に内容や感想などを記録していけば、自分の心の成長の変遷を記録するすばらしいものができあがる。子どもの時代に読書感想文を書かされて、嫌だった、という印象をもっている人もあるようだが、気に入ったものだけでも、記録しておけばよい。後日、必ず自分の楽しい思い出になるはずである。

他の人はどんな本を読んでいるのか

図書館で本を借り出すと、その本の合間にその前の利用者の貸出票がはさまれていることがある。それが挟まれていた本は自分も借りたわけで、ホンのちょっとした仲間意識が芽生える。しかし、前に借り出した人がどんな人であったかは分からない。

おもしろいのは、その貸出票でその人が複数借りた記録が分かる。『ゆとり教育から子どもをどう守る』という本に挟まれていた貸出票には、その本以外に『自分の子どもは自分で守れ』『学習塾のまじめな話』などが列記されている。教育熱心な人だなと思っていると、その次は『あなたのローンをゼロにする本』『なぜかお金がたまる人の習慣』などが出てくる。オヤ、ローンに悩んでいる学校の先生か、と思うと、次は『駄ジャレの流儀』ということになって、こちらも笑い出してしまった。

次は『言葉の箱、小説を書くということ』という本を借りて、これに挟まれた貸出票は、『友情』『山椒太夫・高瀬舟』『草枕』であったから、この人は、純文学作家志望者か。

第六章で触れる『朝の読書46校の奇跡』に挟まれていた貸出票は、それと『こぶとり』『ペレのあたらしいふく』だから、これこそ学校関係者だろうか。

『電子図書館の諸相』という本に挟まれていたのは、これと、『前川恒雄著作集3『図書館運営のあり方を考える』であるから、この人は図書館のことに相当肉薄しているなと思ったが、なんともう一冊は『マディソン郡の橋』というロマンス小説であった。

もう一つ別の貸出票では、『日本の民謡』『夜・安らぎのクラシック』『サウンド・エフェクト』『地名の世界地図』『株は複雑系でわかる』『日光・那須』など。これは定年退職者くさい、と私は睨んだ。あちこちノンビリ出かけたい。そして手持ちの株価も気になる、という人の姿が想像されるのである。

こんなことは、推理の練習になるというか暇人の遊びにすぎないのであるが、私はここに図書館というものの、使われ方を感じ取るのである。何冊でも借りられるのだから、何事もあまり気にせず思うものが借りられる。買うのじゃないから、当たり外れも構わない。ふだん、本屋でならばまず買って帰らないものでも、図書館の本なら気楽に借りて帰る。その中には本当に役立つものが見つかるかもしれない。こういう真の雑学、濫読が可能なことも図書館の功徳なのである。

読書環境はいかが

私達の読書環境はどんなものだろうか。はやばやと自宅に立派な書斎を構え、蔵書棚がたっぷりしつらえられていて、いくら本を買ってもきちんと収容できていく余裕のある人はいい。最近のように多数の情報設備を書斎に収容すべきことになると、パソコンやそれに付随するプリンターだの何のと、スペースに悩んでいる人が普通ではないだろうか。

本を読む環境は、鞍上、枕上、厠上という昔の言葉に倣うなら、今では電車の中で、寝室で、トイレの中で、ということになろう。これらは実行している人も少なくはなかろう。しかし、ほんとにジックリ読書するというなら、書斎のふかぶかとした椅子で、という本格派読書人もおられるだろう。それも家ではなにかにと雑用がやってくるから、図書館で静かに読みたいという人もいる。図書館はこういう読書人のためにある。

私も図書館に行くことが多いが、いつも同じ場所に席を取って、同じ姿勢で読書をしている年配の人を見かける。こういう人はほんとうに落着いてしっかりした書物を読んでおられるのだろう。前述の林望氏のように他人のいる環境では落着かないという人には不向きなのだが。

図書館は外部環境も大事なことだ。私の住む千葉県流山市には、「森の図書館」と通称される一つの図書館がある。ここはその名の通り、外はすぐ手頃な森につながっている。読書に倦めば、この森へ出てベンチに憩えばよいのだ。散策するもよい。朝から弁当持参でこの図書館にやって来て、昼はこの森の中で食事、そして午後はまた読書三昧という人もいる。これが本格的読書人の一つの図書館利用法ではある。

館内秩序

私のよく行く流山市立図書館の分館には児童コーナーがあるのだが、時にはマナーのよくない子どもたちが紛れ込むことがある。若い母親だから当然かもしれないが、乳幼児を連れてくる。その子たちがチョコマカと走り回り、笑いころげて大声をあげる。このあたりはたいてい母親が抑えてくれる。始末の悪いのは小学校の低学年あたりの子、まるで本を読む気がないのに、数人でやってきて騒ぎまくる子どもがいるのだ。近くで読書している大人や子どもには迷惑千万である。

これを誰も注意しない。私は図書館の職員が注意しないのかといらだって待っていたが、その気配がないので、とうとう私が注意してやった。「ここは本を読むところだからね、そうでなかったら、帰りなさい。本を読むのなら、静かにしてね。」すると、彼らはキョトンとして、やがてヘンな顔をして帰って行った。半年前までは元気のよい若い女性司書の人がカウンターにいて、子どもが騒ぐとすぐに「静かにしてねー」と注意してくれたものだが、その人は転勤になったのか、この頃は姿が見えない。今いる司書さんたちはおとなしくて、どんなに子どもが騒がしくしていても、注意をしない。図書館の人がこういうことはやってくれないと困るな、と私はそう考えていた。しかし、後で考えるとこれは私の方が間違っていたようだ。これくらいのことは、普通の大人として、子ども一般のエチケットを維持していく責任がある。電車の中でもその通りだ。日本人はとにかく他人の子どもに注意するということをしない。これは国際的に評判の悪いことがらである。図書館の中だって、おたがい、こういうところまで気づくべきだと思う。

さて、子どもの問題はその程度なのだが、大人で厄介なことがある。都内の図書館などで見かけることがあるのだが、あきらかに本を読む目的でない人々が館内にいることがあるのだ。「異臭その他他人に迷惑をかける人」はお断わり、という張り紙を見ることもある。図書館の利用者からの苦情があるからだろうが、「ホームレスの人お断わり」としているところもある。しかしただ家がないだけの人なら、そんな人が本を読みに来るのを断わるというのはおかしいだろう。要は、風態その他あまりに見苦しく、異臭を放ち、明らかに周囲の他人に不快感を与えるという場合は、去ってもらわなければならないだろう。「ホームレス」の人々に対しては、まったく別の問題として本に近づいてもらう努力は必要なことと思われる。

第四章　生涯教育の場を求めて

テーマ探しとライフワーク実現のために

私はここの小見出しに掲げた「テーマ探しとライフワーク実現のために」ということが、図書館に通う重要な目的の一つであると思う。これはその人がひま人であるか否かに関わらない問題だろう。知的な生涯を送ろうとするなら、あるいは生きがいのある人生を送ろうとするなら、何か生涯を通じて自分で研究を続けていくことのできるテーマを持つことが望ましい。これは「生きがい」とは異なる。生きがいと言うなら、家族のことや、子、孫の成長を見守ることが生きがいなのです、と言い切ってしまえばそれで終る。たしかにかわいいお孫さんが大きくなっていくのを目をほそめて見ていくのは、いいものだ。しかし、これは自分の生涯続けていく仕事とか研究というものではない。長く自分の腕一本で何かモノづくりに励んできた職人さんなどは、毎日々々より立派な製品、作品を仕上げるのを仕事としてきている。それが即、ライフワークかもしれない。それ以上のことを求める必要もないだろう。

しかし普通のサラリーマン上がりの人であれば、たいていは定年になって退職金を貰って家に引っ込んでしまえば、前の仕事とはまったく断絶してしまうことが多いだろう。だから、仕事と関係のない何か長く続けられるものをあらためて探すということになる。ここで一から、というのでは実は遅すぎる。在職中から何かに打ち込んでいて、ある程度、あるいは相当程度の成果をあげているものを、今度は定年後の二、三十年かけてまとめ上げる、みがきをかけるというのが本物だろうと思う。新しい技能・技術を習いはじめても、最初はおもしろくない。ある程度技能が進んでいてこそ、続いてそれをやっていける興味が沸く。できることなら、定年時は、これからは人様に教えて上げられるくらいになってこそ、その趣味なり学問なりを深めていく気になるというものだ。

「これから××語を習得しようと思います。」「これから万葉集を学ぼうと思います。」などというのは「学習」であって、「研究」ではない。学習というのは他人の歩いた跡をたどるにすぎず、ある程度進めば理解は深くなるが、ほどなく行き尽してしまうだろう。それを相当程度やったつもりでも、それ以上の人はいくらでもいる。これではおもしろくない、と考えるのが普通ではないか。もっとも、この頃いわれるのは「生涯学習」であるから、そんなことでいいのかもしれない。

でもうちょっと欲を出せば、「学習」の域を越えたいということになる。図書館をうまく使えば、今まで自分のやってきた職業、仕事の中から、おもしろい核になるものが拾えるかもしれない。そういうところから、さらには新しく図書館の豊富な資料を用いてテーマを掴み、「研究」に進みたい。

私の言った「自分大学」の構想

私は前に『「自分大学」に入ろう』（実務教育出版、一九九八）という本を書いた。自分で何を学び、どうありたいかを決め、それにしたがって三年なり四年なりでこれだけのことをやろうと予定をたて、できるだけ体系的に自学自習しようというのである。卒業の域に達したと思えば、さらに「自分大学大学院」進学のつもりで研究を進めるのがよいだろう。要は自分自身で相応のカリキュラムを考え、これに従うのである。勉強は、具体的には多分読書を中心とすることになろうが、ここにおいても最初はまず学ぶテーマを選ばなくてはならない。その方法としては、①いま、自分には何が必要か ②

自分の抱いている夢は何か　③もっと知りたいことは何か　などと自分に問い掛けてかかるべし、と私はこの本に書いたのである。

まあ、その本を読んで頂かなくとも「自分大学に入ろう」という言葉を聞いただけで、何を言いたいのかはあらかた想像がつかれるだろう。自分でやるのは、学校で学ぶのとは違う。「読書」を中心にして、自分でやり方まで考えて進まなければならない。自分大学は、どこに存在するか、それは自分が家の書斎にいるなら、そこが大学だ。図書館に行って何か調べものをしているなら、そこに自分大学がある。

自分大学が難しいのは、継続するということだろう。「継続は力なり」とは、いつも通用する格言である。継続できるテーマの選択がまず第一だ。にわかに決めたものでは、長続きしないかもしれない。しかも一年間で何をする、二年目にはどういうことを学ぶ、そして後の二年間を専門科目として自分の目標に近づける。そういった目標を一応決めて、進むのが、この自分大学の方法である。

それともう一つ私が勧めているのは、それぞれに小テーマを設定して、それなりの小レポートを書いていくという方法である。本格的な知識は、読むだけでは身につかないものなのだ。逆にいうと、レポートを書きまとめるために、本を読み、構想を練っていく。書けるということが、自分に分かってきたことのあかしなのだ。

自分大学では、最後に卒業論文を書く。それは、いろいろ小テーマでやってきたことを年余の後、包括的にまとめ上げ、なるべく長い論文ともいうべきものを書いたらいい。卒業論文なんて誰が読者か、というかもしれないが、できることなら誰か身内の人、友人などに読ませるつもりで書くのがいい。もっと自信がある、いいテーマなら、書物にして公刊することも考えたらいいと思う。出版というのはいきなりではたいへん難しいことではあるが、内容のあるものなら本にすることも可能なのである。

テーマに困ったら歴史を

自分で取り組みたいテーマがなかなか見つからないという時には、とにかく「歴史」というものを考えるとよい、というのが私の持論である。身近なところから考えてみよう。まず自分の歴史、なるほど「自分史」といういい方もあった。自分の家族の歴史、これも先祖のルーツを調べるという家族の歴史調査がテーマになり得る。自分の卒業した学校にも歴史がある。明治頃からある学校ならたいていしっかりした学校史があるだろう。企業には社史があろう。郷土には郷土史がある。そういうものをよく読んでみると、案外未開拓な部分がたくさんあるはずだ。手元に見る商品だって、製品だって、必ずそのものの歴史がある。まあ、たいていのものは、それなりに調べられてはいるものだ。あんパンだって歴史がある。カレーライスだっていつから日本で食べられるようになったか、そんなものも容易に調べられる。しかし、それらの今書かれている歴史が本当に正しいのか、また違った面から見直す部分はないかなどと調べてみると、アナはいっぱいあるはずだ。図書館でも歴史の本は見つけやすい。しかも、関連のものの歴史もすぐまた展開していける。歌が好きな人なら、童謡の歴史、演歌の歴史、学生歌の歴史、……そういえば、今思い出したのが、「真白き富士の嶺」の話だ。あまりにも有名なこの話にも悲しい歴史がある。

真白き富士の嶺　緑の江の島
仰ぎ見るも　今は涙

帰らぬ十二の　雄々しきみ霊に
　捧げまつる　胸と心
とだけ歌っていることなく、この歌に歴史を探った人は少なくない。私の手元には宮内寒弥『七里ケ浜』（新潮社、一九七八）という小説があるが、この事件、すなわち明治二十三年一月二十三日、逗子開成中学の生徒ら十三人が七里ケ浜でボート遭難という惨事を探り当て、興味深い小説に仕立てている。
　わが国の国歌とされている「君が代」でも、「君が代」は三つあった、といえば、多くの人は「エ？」と応えるだろう。明治時代、三回つくられて、その第二のものが今歌われているものである。また「君が代」の二番の歌詞は？　などとふざける人もいるが、これも実は四番まであった、とされる話がある（明治十四年文部省音楽取調掛小学唱歌初編。詳細は『正論』二〇〇三年一月号、四二六ページ）。要は、興味をもって持続的に研究できるテーマであること、しかも自分の手にあまるほどのことはなく、しかしすぐ簡単に結論の出るようなやさしすぎないものがいいだろう。何かテーマを追って、しかも書いてみる、というのが「自分大学」の手法である。

関心を持てる人の伝記（佐久間貞一のこと）

誰でも生涯を通じて大きな関心を持てる人というものがあるだろう。身内の人というなら、祖父母・親・兄弟のこと、あるいは親戚に社会的な働きをなした人がいたり、出身校にもそういう人があるかもしれぬ。しかし、そういう身近な人でなくとも、自分の趣味の世界なり、職業関係なりで、誰か興味・関心を持てる人はいないか。それは有名人でなくともよい。いや、むしろ著名な人であると、ほとんど業績や人となりはすでに知られてしまっていて、伝記や参考書などがすでにいくつも出ているだろうから、ここで問題にすることはない。

私が言いたいのは、何らかの意味で、これから調べてみる価値のありそうな人、これまではほとんど世に知られていなかった人物のことを、研究してみればどうだろうかというのである。

私はこれを実行してみた。「佐久間貞一」という人物である。残念ながら、この人がどういう人であるかを即答できる人は少ないだろう。この人物の社会的功績からして、今日あまりにも知名度が低いのをなげかざるを得ないのである。

佐久間貞一は嘉永元年（一八四八）〜明治三十一年（一八九八）という五十年の生涯を経た人だ。印刷会社で戦前・戦後を通じてわが国最大の会社というべき大日本印刷株式会社（現在も年商一兆円を超えており、この業界では世界一の企業と目されている）の前身「秀英舎」の創業者である。彼は東京の銀座に、明治九年（一八七六）、十数人の従業員を携えて活版印刷所を開いた。日本の活版印刷の黎明期であった。爾来、成長を重ね、日本のもっとも多くの雑誌や書籍の印刷物を印刷していた。人は本や雑誌を買うと、その著者と出版社しか意識しないのだろうが、実は印刷会社がモノとしての本や雑誌を製造しているのだ。その最大のメーカーが、この会社である。同社は戦後は、こういう出版物とはまったく違う分野にも進出した。化粧品や菓子食品などを買えば必ずその紙器・包装品を用いている。そういうパッケージングの印刷を始め、世人には目だたないが需要としては極めて大きい分野、さらに電子部品製造にまで手を広げ、今日では世界最大の印刷会社になっている。

さて佐久間はそういう自分の経営する企業のことだけではなく、労働者の健康とか福祉の向上に意を尽したのだ。これを国家の保護政策として考えるべきものと、労働者・経営者・政界にまで訴え、戦後の労働基準法の前身ともいえる「工場法」制定の実現に、全身全霊をもって尽した人なのである。わが国の社会政策を研究すれば、多分この佐久間にさかのぼらねばなるまい。日本のロバート・オーエンともいわれた人なのだ。こういう人物でありながら、なぜか今、知名度は低い。私はこれを残念に思い、以前から佐久間の伝記をも執筆すべく調査を進めてきた。ところが、佐久間についてのまとまった伝記資料は極めて少ない。過去の大日本印刷の社史『秀英舎沿革誌』（一九〇七）、『株式会社秀英舎沿革誌』（一九二二）、『秀英舎創業五十年誌』（一九二七）、『（大日本印刷株式会社）七十五年の歩み』（一九五二）などにも十分な叙述はなく、豊原又男著『佐久間貞一小伝』（初版・一九〇四、再版・一九三二）も完全なものではない。幸い最近になって、矢作勝美編著『佐久間貞一全集』（大日本図書、一九九八）が出て、佐久間の書いたものはほぼすべて集められた。しかし佐久間の言説のすべてが集められたわけではない。

佐久間の出生から、教育を受けた経緯、幕臣であった明治維新前後の動きもほとんどわかっていない。そして成人後、佐久間の五十年の生涯に関わった仕事は非常に多く、印刷関連はもちろん、新聞・雑誌・出版などジャーナリズム関係、製紙の事業、海外移民の事業、保険事業、金融の事業、宗教、行政、政治、そして労働問題、社会政策などなどその活動範囲が広いので、いろいろな部分に目をやらなければならないのだ。

佐久間の小伝を書いた豊原又男については、豊原又男翁建碑の会編『豊原又男翁建碑記念誌』（財団法人労務行政研究所、一九六三）、安田辰馬（新潟県巻町双書第二十三集）『豊原又男翁』（巻町役場、一九七五）の二書しか、ほとんど資料はない。以下佐久間について探し出した数十点の資料についての私の苦労話をしたいが、多くの方には煩わしいばかりであろうから省略する。ただ、ほんとうに、こういう場合の資料探索は、図書館のレファレンスには耐えられないものと思う。それはそれでやむを得ないものだ。一年に一度くらい、何かの雑誌の片隅で、佐久間の貴重な資料を発見したりする。夜も昼も、佐久間、佐久間と思い続けて、懸命に探し、偶然にも助けられて見つけていく。こういうのが、ライフワークというべきものだろう。そしてそれは、まことに楽しい作業ではある（結局私は、一九九四年、一応の佐久間貞一伝を自費出版でまとめた。

その後も手直しを続けている）。

このようなことを一例として、いろいろな人のことを調べてみてはいかがかと、私は多くの人々に勧めたいと思う。

郷土資料室

各公立図書館では多分、郷土資料室というものがあるだろう。これはみずからの地域について、その図書館で資料を集めたものである。中央でやれないことを、地域の図書館が行なう。郷土の考古学、歴史、地理、文化などを、もっとも身近な文化施設としての図書館が収集する。適切な行動である。しかしこれは全国的に見ると、ずいぶんムラがあり、水準の差があるような気がする。都道府県単位、市町村単位で見て、なかなかよく揃っているなと思われるところもあれば、それほどとは思えないところもある。市町村史などを見ても、その水準が分かってしまう。こんなところは、博物館と図書館はどんな協力体制でやっているのだろうか、と気になるのだが、行政からの広報でもこのあたりがうまく説明されているものは見たことがない。

郷土資料室での図書分類は、一般の区分を保ちながら、郷土資料室に収容されているのがおもしろい。流山市立図書館での例を見ると、「K」が郷土資料室蔵書のすべてにつけられている記号であり、以後の数字は一般記号を用いている。要するにK記号をもって、他の書籍とを区分けしているのである。

K200　千葉県の歴史
K201　流山市史
K211　杜の坂道——下総流山物語り——
K250　物語新選組戊辰戦記
K251　近藤勇と新選組
K251　新選組女ひとり旅
K290　手賀沼周辺を訪ねる
K291　江戸川図志
K310　広報流山縮刷版

Ｋ３５１　流山市統計書
Ｋ３６９　流山の保健・福祉
Ｋ３７６　流山黌
Ｋ３８８　流山の民話
Ｋ５１７　河川と流山
Ｋ６０２　流山の職人
Ｋ６８４　利根運河
Ｋ６８５　流山の道
Ｋ６８６　流山電鉄の話
Ｋ９１１　流山詩集
Ｋ９１１　一茶下総旅日記

私はこの方法がよいと思う。郷土資料としてまとめつつ、それが包括的な歴史書か、統計書か、詩集なのか、を一般分類で示されているからである。

いろいろな図書館がある

テーマ探しということで、いろいろな変わった図書館を見て回るのもおもしろい。図書館には、普通の公立図書館とは別に特定のテーマに集中した図書館がある。まとめて専門図書館という。これは公立でないものが多い。今はこの専門図書館だけを仔細に検索できるパソコン上のものや、書籍の形になっているものがあるが、読みやすい普通の本としてこの専門図書館を案内しているものが時々あるので、こういうものを見ると参考になる。例えば内藤毅『ＴＯＫＹＯ図書館ワンダーランド』（日本マンパワー出版、一九九二）というものを見る。少し古くなっているから状況は変わっている場合もあろうが、第一部　ワクワク専門図書館、第二部　オモシロ公共図書館、に分かれている。

まず文学系統のものから文化、芸術、芸能、工芸的なものとして、神奈川近代文学館、大佛次郎記念館、鎌倉文学館、鶴岡文庫（鶴岡八幡宮附属）、俳句文学館図書室、金沢文庫（中世歴史博物館のごとく）、松竹大谷図書館（映画演劇専門）、東京国立近代美術館フィルムセンター相模原分館図書室、ＮＨＫ放送博物館図書室、放送ライブラリー（「みなとみらい21」の横浜館内）、東京文化会館音楽資料室、東京都美術館美術図書室、東京国立博物館資料館、全国伝統的工芸品センター・資料ライブラリー、日本玩具資料館、浅草文庫（浅草の資料）など。

少し変ったところから、以下全部列記しよう。明治大学刑事博物館、成田山佛教図書館、小茂根図書館（弥生式住居の跡）、日清食品・食の図書館、料理情報図書館、日本酒センター・ライブラリーコーナー、日本交通公社・観光文化資料館、交通博物館図書室、日本地図センター、日本体育大学図書館（スポーツ専門）、野球体育博物館図書室、相撲博物館（両国国技館内）、自転車文化センター情報室、中央競馬会広報コーナー、日本鯨類研究所、稲荷山図書館（虫の専門図書館）、ライブラリー・アクア（水の図書館）、東京都みどりの図書室（公園のこと、緑化のことなど）、航空図書館、ねむり文化ギャラリーαライブラリースペース（眠りの専門図書館）、コンピュータサロン、印刷図書館、丸善本の図書館（本に関する「本」の専門図書館）、情報図書館ルキット（本はなく、データベース検索専門）、大宅壮一文庫、六月社（雑誌専門）、現代マンガ図書館、サンプラザ地方新聞コーナー、国立教育会館社会教育研修所タウン誌コーナー、住民図書館（住民運動のミニコミ誌など）、国民生活センター情報資料室、東京都青少年センター・ロビーと図書室、サンプラザ相談センター職業情報コーナー、証券広報センター証券情報室、日本生産性本部資料室、生命保険文化センター、日本産業デザイン振興会・資料室、積水ハウス・住まいの図書館、吉田秀雄記念図書館（広告・マーケティングの図書館）、ジェトロ・ライブラリー（貿易専門図書館）、神奈川県国際交流協会海外資料室、ワールドマガジン・ギャラリー（世界の雑誌）、ブリティッシュ・カウンシル図書館、日仏会館図書室、在日ドイツ商工会議所資料室、アジア経済研究所図書資料部図書館、韓国文化院図書室、豪日交流基金オーストラリア図書館、カナダ大使館広報部図書館、ラテンアメリカ協会資料室。第二部の公共図書館の方は省略しよう。

これだけ見ても、ずいぶんいろいろなものがあるということを知るが、実際はもっと様々な図書館があり、上に掲げたものがすべてでもない。しかもこの本は東京周辺での話であり、他地域にもまだまだあるだろう。要は、どんな対象のターゲットであっても、きっと目指す周辺の分野でそれなりの資料には近づけるということを私は言いたいのである。

なお、専門図書館の場合は、入館が有料の場合があり、開館日・時間、内容その他は事前に電話して確かめるなりした方が安全である。

図書館利用の啓蒙が足りない

私が不思議でならないのは、図書館はたいてい「新着図書案内」などというリーフレットを毎月または年に数回ほど配布しているが、肝心のもっと基本的な図書館利用法のPRが足りないのではないか、ということである。

図書館に行ってみても、まず図書館の使い方の基本をもっとわかりやすく表示してくれてはどうだ、と言いたくなる。この図書館では、どういう本をどこにおいてあります、ということがすぐにはわからない。館内に入った人は、最初に、文学書はどこにあるのか、自然科学書はどこにあるか、などという基本的な場所を知りたいはずだ。図書館は図書分類などを数字であらわしており、これが図書館の常識だ、文句あるか、とでもいうように数字で本の位置を示していることが多い。しかし利用者の大半は、あの図書分類が苦手だ。ほとんどの人は図書分類法の知識を持っていないだろう。本の場所というのは、それほど大規模でない図書館のこと、だいたいの大雑把な場所がまず分かればよい。図書館関係の本を捜しているのか、天気予報のことを見たいのか、まずそのあたりへ行って、ざっと本を眺めまわせばよいのだ。だから、せめてこの知識をおおかに利用者に示して、それで本の場所を教えてくれればいいと思うのだが、図書館の多くは、この簡単な説明をやってくれていない。どんな利用者にも最低これだけの知識を与えておけばいいのに、と思う。

ついでにその図書分類法の話であるが、数字で区分された図書の内容は、いかにも実際の書物の内容を表示しているとはいい難い。それは誰でも感じているのではないか。そしてできることなら、もっと現実的な区分を当てはめようと考える。実際の話としてよその例を見よう（日本図書館協会編刊『五つの公共図書館システム』参照）。アメリカのミネソタ州へネピン地方では、過疎地方の人々に郵便による本の貸し出しをしておりり、それには貸し出しのためのカタログが配布される。そのカタログの区分がまことに実際的なのである。例えば、小説、ラブロマンス、ミステリーとサスペンス、ウエスタン、サイエンスフィクション、歴史小説、動物、料理・園芸、工作、ミネソタ資料、時事問題、環境と自然保護、ユーモア、伝記、家庭経済、スポーツ・レクレーション、子どものための物語、中学生の読物、などなどという区分けがされているという。

図書分類の話は、一般人のわれわれにはなじみ難いものであることはやむを得ないことかもしれない。現在の体系が完成するまでには長い歴史的経緯があり、世界のあらゆる知識を分類しようというのだから、三桁、四桁はおろか、区分は何桁までも際限なく続けられるはずのものである。そして内容も時代がかわれば実態にそぐわなくなってくることも当然である。ある分野はどんどん広がっていくだろう。ある区分はほとんど不要になってくるかもしれない。だから、この分類法が年々改定されつつあるのも分かる。現実には、素人にはこまかいところまでの区分を見る必要はないので、一桁二桁くらいまでを理解させ、その下からの部分は見方だけでも理解するという程度に、図書館は利用者を啓蒙をしておけばよいのではないだろうか。そして、書棚の現場でも「社会科学」だの「法律学」だのと言葉も添えてほしいものだ。

分類の話

図書館の本というと、分類ということに関心を持たざるを得ない。われわれ素人には、この本の「分類」というのはなじみ難く、苦手である。しかし、図書館に付き合うとなると、全然これにソッポを向いているわけにはいかないようである。そこで、少々だけこれに首を突っ込んでみる。

ものの本を手にしてみると、主な分類法は五つある。デューイ十進分類法（DDC）、アメリカ議会図書館分類法（LDC）、コロン分類法（CC）、国際十進分類法（UDC）、日本十進分類法（NDC）である。それぞれの一桁目だけを見てみよう。

①デューイ十進分類法（DDC）

0総記　1哲学心理学　2宗教　3社会科学　4言語　5自然科学・数学　6技術（応用科学）　7芸術　8文学・修辞学　9地理・歴史

②アメリカ議会図書館分類法（LDC）

A総記　B哲学・心理学・宗教　C歴史の補助学　D歴史：一般、古代　E—F歴史：

アメリカ大陸　G地理・人類学・娯楽　H社会科学　J政治学　K法律　L教育　M音楽・音楽関係図書　N美術　P言語・文学　Q科学　R医学　S農学　T技術　U軍事科学　V軍事科学（海軍）　Z書誌・図書館学

③コロン分類法（CC）

z総記　2図書館学　B数学　C物理学　D工学　E化学　F技術　G生理学　H地質学　I植物学　J農業　K動物学　L医学　M有用技術　△神秘主義　N藝術　O文学　P言語学　Q宗教　R哲学　S心理学　T教育　U地理　V歴史　W政治学　X経済　Y社会学　Z法律

④国際十進分類法（UDC）

0総記　1哲学　2宗教・神学　3社会科学　4—5数学・自然科学　6応用科学・医学・工学・農学　7芸術・娯楽・スポーツ　8言語・言語学・文学　9地理・伝記・文学

⑤日本十進分類法（NDC）

0総記　1哲学　2歴史　3社会科学　4自然科学　5技術　6産業　7芸術　8言語　9文学（緑川信之『本を分類する』頸草書房、一九九六）

知られているように、この分類法というものは、それぞれ歴史的な経緯があり、今も刻々と修正が行なわれている。もっともわれわれが日本で普通の図書館でお目にかかるのは、ほとんどが「日本十進分類法」であるから、これをだいたい知っておれば、最小限度図書館の書棚の前で役立てることができる。

しかし、これらは世の中のあらゆる知識情報を数字化しようとしているのだから、所詮あちこちにムリが来ている。だから、ある専門図書館とか、特殊な分野だけの本を集めているところでは、役に立たないのである。そんな図書館では、独自な図書分類法をとっている。例えば、私のたまに出かける「さわやかちば県民プラザ」という千葉県立の公共施設の図書室は、①参考図書　②生涯学習を主題とする専門図書　③スポーツ、趣味、ビジネス、旅、芸術文化など生涯学習の入門書とテキスト　という三つの資料を擁している。そこで、この③の部分を「テキストライブラリー」と称し、これを次の十分類しているのである。

1情報処理・メディア　2ビジネス・資格　3ボランティア・国際交流　4スポーツ・レクリエーション　5芸術文化　6郷土(千葉県)　7くらし　8趣味　9旅・レジャー

こうしてその図書館の本の分類をなるべく理解して、本を探すのが効率的な使い方というべきだろう。

外国語の検索

私はシェンケビッチ著『クオ・ヴァディス』を読もうと思ってN図書館の書棚を探したが、すぐには見つからなかったので、館内の端末で検索してみると「クオ・ヴァディス」では出ないのである。いろいろ考えて、「クオ・ワディス」としてみると、あった。岩波文庫全三冊（木村彰一訳、一九九五）である。そこで、文庫の棚に行ってみると、なんと一九五四年の版（河野与一訳）もあるのだ。しかし、この題名は『クオ・ヴァディス』である。新潮社の一九二八年刊世界文学全集（木村毅訳）もあった。結局四種のことごとくが、著者名と題名が全部違っており、どれでも検索できるというわけにはいかないことが分かった。一覧にしてみよう。刊行年順である。

①一九二八年　シエンキーヴィッチ（木村毅訳、新潮社）『クォ・ヴディス』
②一九五四年　シエンキエヴィチ（河野与一訳、岩波文庫）『クオ・ヴァディス』
③一九九五年　シエンキエーヴィチ（木村彰一訳、岩波文庫）『クオ・ワディス』
④二〇〇〇年　シエンキエヴィッチ（吉上昭三訳、福音館書店）『クオ・ヴァディス』

そして、もう一つ問題があった。「著者名」に木村彰一、吉上昭三を入れると、この本が出てくるのである。原著者がどこへ行ったかと思うのだが、これは理由が分かった。つまり奥付けに著者表示がないのである。端末にこのデータを入れる職員が、機械的に奥付けだけを見て入力して、本当の著者名を確認しなかったのだ。こうしてこの本はN図書館では②の著者名（実は訳者名）、③の著者名（実は訳者名）と書名、④の著者名（実は訳者名）で、検索することができた。しかし、この本の著者が河野、木村、吉上などという人であるというのでは困る。一つの問題を発見してしまった。

図書館のサービスをチェックする

「図書館とサービス評価」という言葉がある。この頃は行政批判ということもあって、何かとサービス評価が問題になる。私たちはここで図書館を問題にするわけだが、さっそく図書館のサービスがどのようなことになっているかが議論になる。そこで、すぐデータが持ち出される。

日本図書館協会『図書館雑誌』（二〇〇二年十一月号）の「図書館とサービス評価」特集で紹介されているのだが、図書館サービスの水準を判断する基準として、『市民の図書館』には、次のような項目が取り上げられている。

・市民一人当りの貸出冊数
・登録率
・実質貸出密度（貸出冊数／登録者数）
・蔵書回転率
・市民一人当りの年間購入冊数

・市民一人当りの図書購入費
・市民一人当りの図書館費
・職員一人当りの奉仕人口
・職員一人当りの貸出冊数

などである。このままでは見当のつかない人もあろうが、端的にいうと、年間貸出冊数が人口の二倍、貸出登録人員が人口の十五パーセントに、それぞれ満たないと、図書館としてはレベルが低いとされるのである。

また二〇〇〇年十二月の生涯学習審議会社会教育分科審議会計画部会図書館専門委員会では、次のような「指標」を用意してサービスの実行を呼びかけているという。その「指標」とは、

蔵書冊数、開架冊数、開架に占める新規図書費、視聴覚資料点数、貸出冊数、登録者数、来館者数、来館回数、リクエスト（予約）件数、レファレンス（質問）件数、集会・行事参加者数、集会・行事参加回数、利用者満足度

というものである。この最後に「利用者満足度」というものがある。これについては、

同誌には別途、市民満足学会事務局長大島章嘉氏の論考「図書館の利用者満足度水準について」というのがあり、これに詳述されている。満足度調査のうち、説明のつきやすい項目というのには次のような項目が掲げられてあった。

①　蔵書数は十分である。
②　利用しやすい場所にある。
③　職員の対応はよい。
④　図書館サービスが仕事上役に立っている。
⑤　利用時間や曜日に制約が少なく、利用しやすい。
⑥　読書・調べものや勉強するスペースは十分である。
⑦　職員の業務知識は十分である。
⑧　目的の図書などを見つける方法はわかりやすい。
⑨　分館や移動図書館との連携は十分できている。
⑩　読み聞かせ、お話会等子どもへのサービスは充実している。
⑪　図書以外の資料（カセットテープ、ＣＤ、ビデオなど）は十分である。

⑫ 講座、講演会などのイベントは充実している。
⑬ 目的の本などが無いとき購入してもらえる
⑭ 貸し出しの冊数、期間の制約は少ない。

こういうことで終えられた調査で、満足度の高い図書館というのは、港区立みなと図書館、佐賀市立図書館、茨木市立庄栄図書館、……などとあった。

これでもいろいろなことがわかる。利用者が何を求めているかが知られるのである。しかし、「満足度」というのは主観的な評価である。これには客観的な水準というものが議論に入っていない。例えばA市に住んでいた市民がもっと図書館水準の高いB市に移住した場合、前の自分の感じていたものは、今思えば満足とはいえないなあ、ということがあろうと思われる。

図書館のサービスには、いろいろある。右のような諸項目を掲げた調査があってもなくても、ある人にとっては、読みたい本が十分にある、ということだけでその図書館は立派に役立つ図書館といえるのだろう。

ライブラリアン中田邦造の考え方

ライブラリアンという人々は、本を扱ってはいるが自ら「本」に登場することは少ないようだ。以前の国立国会図書館副館長中井正一という人は極めて有名な人で、この方については実にしばしば語られたことであるが、それ以外にライブラリアンの思想や生涯というものはほとんど語られることもないようである。そう思っているうちに、萩原祥三著『買物籠をさげて図書館へ』（創林社）という本を読んだ。その中に「中田邦造の図書館観」という一文があり、これはすごい人物があったものと私は驚いたのである。中田は大正十二年（一九二三）京大の哲学を卒業、大学院を経て、大正十四年石川県主事、昭和二年から社会事業主事兼石川県立図書館長になっている。萩原氏の解説文によれば、彼は「一介の役人ではなく、実践哲学を身につけた思想家として、その思想を図書館活動の中で実現していった」のである。萩原氏は、中田の書いた七十ページほどの冊子「公共図書館の使命」と、彼が原案を執筆したと思われる「図書館社会教育調査報告」の二つを用いて、「中田邦造の図書館観」という文章を書いた。

それを私が読んで、以下に紹介しようというのであるから孫引きも甚だしいのだが、いずれも今取り出しがたい文献であるので、この簡便法をお許し頂きたい。

中田はまず、読書とは何かを問う。……人間の成長は自発的な教育が不可欠である。学校教育などは教育の序曲にすぎず、真の教育は学校卒業後に始まる。（今いわれることしきりの「生涯教育」をすでに主張しているのである。）自己教育にもっとも有効なのは、読書である。日常生活の余暇を読書で埋めるというのではなく、読書そのことが日常生活に織り込まれていなければならないのである。さて、公共図書館は、図書を収集して人を待つのではなく、社会を対象にしてそのために必要な本を集めるべきなのである。図書館は自己教育力を目指させなければならぬもの。相手かまわず品かまわず、ただ希望者に図書を貸し付けて、その閲覧統計をつくって満足してはならない。読書の世界に通じない人にはこれを知らせ、読書力のない人には習得させ、読むべき図書の選択に迷うものには相談に応ずるようにしなければならない。図書館の働きを負うものは、図書館員である。図書館員の仕事は、図書と人を結びつけることにある。図書館員はすぐれた教育者であることが求められる。……適切な要約ではないが、このように今日のコメントとも思われるような卓見が述べられているのである。

図書館と博物館 ―― 流山市の場合

多くの自治体では図書館と博物館があるだろう。その二つが社会教育の大きな目玉になっているはずだ。私の住む千葉県流山市の場合は、市立図書館（中央）と市立博物館が同じ建物に住みわけている。一つのロビーに入って、左側が図書館、右側が博物館なのである。地域の人に「市立図書館はどこですか」と道を聞くと「博物館の隣ですよ」と答え、「博物館はどこにありますか」と聞いてみると、「図書館につながっていますよ」と返事されるのがおかしい。

博物館は平成十四年に大幅な内装展示変えを行なって、さらに見やすいものとなった。常設展示には、掘り出された流山、古代国家と流山、武士と民衆、江戸幕府と流山、白みりん発祥の地、民衆文化の興隆、農業に生きる、葛飾県・印旛県の誕生、暮らしを支えた交通、永井コレクション、町や村の暮らし、戦争の時代から民主主義の世の中へ、変わり行く風景——という流れで見やすい展示が行なわれている。

このところ、年間三万人ほどの見学者があるという（『千葉の博物館』一〇三号、二〇〇二年十月）による）。この人数が多いのかそれほどではないのか、はよく分からない。しかし、ここで紹介しておきたいのは、これの周辺に存在する「流山市立博物館友の会」の充実、活動ぶりである。そして私がいささか、不満でもあり不思議な気持を抱くのは、実際の場面で図書館と博物館が何か積極的な連動をしているか、ということなのである。

「流山市立博物館友の会」はすでに二十五年の伝統がある。昭和五十三年六月、流山市の市制十周年を記念して郷土資料館（後の博物館）ができた。この年の十一月、山本鉱太郎氏以下の有志八人が集まって「友の会」の核になる会合をもった。これはどこにでもありがちな官製のお仕着せ友の会ではなく、まったく自発的に発生したボランティア団体で、その後すばらしい活動をやってきた。最初は流山の歴史研究というところから始まったようだが、やがて実に多角的な運動に展開していった。文章・朗読・川柳の三講座、歴史散歩・文学散歩・博物館めぐりなどの外まわり、その他シンポジューム、研究会等々のイベントをこなし、さらにすごいのは年三回の会報『におどり』と年一回の研究誌『東葛流山研究』を出していることだ。後者は三百ページもある。プロではない、市民レベルの人たちだが、指導者にも教えられながら、地域研究の論文や随筆を多数寄稿しているのだ。とにかくこの友の会はこの種のものとしては全国一のレベルだろうと思う。

これに比べると遅れをとっているのは図書館の側だ。これに当たるといえそうなものとして、流山市立図書館ボランティア「栞」グループというのが存在するが、歴史は六年強とまだ日も浅い。数個の分科会に分かれて、お話会や人形劇の会、映画会その他いろいろの活動をしているのだが、まだまだ地味な活動である。アメリカなどはもとより、国内でも図書館の運営にまで意見を出していく積極的な形を取る友の会タイプのボランティアにすればいいと思うのだが。もっと声を出して、市民の使いやすい図書館にしていくのがおたがいのためであると思われる。

生涯学習学園の構想

図書館は、各自治体の中で生涯学習の核になっていくべきものだ。流山市の場合でも、いろいろなことが行なわれている。社会教育の立場として、「図書館事業」でまとめられているのは、古典文学講座、児童書展示会、図書館子供教室、文学散歩、読書週間展示会、図書館ボランティア養成講座、おはなし会、人形劇のつどい、森のコンサート、赤ちゃんと楽しむ絵本の紹介……などが掲げられている（流山市教育委員会『流山市の教育　平成十四年度』による）。

私は図書館が中心となって、博物館、公民館などを大同団結させれば、相当の生涯学習を行なえるソフトは機能させられるという気がする。生涯学習というのは、機能が分散してはつまらない。うまく連動させて、たがいに密着させれば、一つの市程度のものでも相当のことができるのではないだろうか。

そもそも余暇の過し方には三つの段階があるとされる。

①　受身型　テレビを見る、新聞を読むなどの所作。

② 能動型　スポーツをする、美術館へ出かける、講演会を聴く、など。
③ 創造型　文章を書く、絵を画く、研究する、など。

そして、この②と③の段階では、やる気と能力を要する。生涯学習は、この段階のものを適宜組み合わせていくものだろう。そして、生涯学習は、もし講座のかたちを取るものならば、入門部分と中級、上級などその発展・完成部分を系統的に繋げていってほしい。そして生涯学習にもう一つ大事なことは、学習段階で学習者自身のおたがいの交流を実現できる仕組みを組み入れることをしておいてほしいということだ。多くの市民講座などで聞かれるのは、わずか数週間程度のものでも、終了後皆の発案で同窓会のような、勉強会のような、フォロウの機会を持ち続けたいというグループが多く出現するということである。

考えてみれば、学校というものは、勉強するという要素に加えて友を得る組織だったということだ。同じ学校を出たとか、共に学んだということで、かけがえのない親しい友を得たことを誰もが体験してきたではないか。社会人になってしまい、もはや一般の学校に通うこともない人たちにとって、利害関係のあまりない、共に学んだ仲間をもう一度つくる機会ともしたいのが、ここ生涯学習の場なのだ。

それから、市なら市としての総合化が大事だということだ。流山市の一例を見てみよう。この市での社会教育状況は、例えば流山市教育委員会の『流山市の教育　平成十四年度』などを見れば、その全貌が分かる。

社会体育事業には、次のようなものが挙げられている。

・みんなのスポーツ活動の推進
・健康・体力づくり活動の充実と地域スポーツ推進、情報提供事業の推進
・出前の体育指導とスポーツ・フィットネス相談の実施
・スポーツ講習会・大会の充実
・生涯スポーツ指導者の育成
・学校体育施設開放の効果的利用促進
・社会教育団体の育成強化とスポーツ人口の増加促進

などという事業が挙がっており、さらに詳細を見れば、より具体的な行動を知ることができる。

同様に、公民館事業には、次の諸講座がある。

・ゆうゆう大学
・家庭教育講座
・女性学級
・大学開放講座
・高校開放講座
・国際理解講座
・市民教養講座
・公民館学習グループ発表会
・情報活用能力育成講座

ここで「ゆうゆう大学」は、「中高年者が生きがいのある生活を送るために必要な知識や技能の習得と、地域での役割等について学習するとともに、その学習方法を学ぶ」と説明されているように、中でもっとも体系的なかたちを思わせるが、しかし教養科目年間十五回、専門科目十回、という程度でまだまだ総合的に希望が叶えられるには距離があるのではないかと思う。

図書館事業は次の通り。

・古典文学講座
・児童書展示会
・図書館子供教室
・文学散歩
・読書週間展示会
・図書館ボランティア養成講座
・おはなし会
・人形劇のつどい
・森のコンサート
・赤ちゃんと楽しむ絵本の紹介

それから、博物館事業では次のようなものがある。

・展示公開――縄文集落の企画展、企画展講演会、昔の暮らしの企画展

・教育普及――ふるさと入門講座（子ども絵画教室、考古学コース、流山今はコース、石仏コース）
・収集保管――資料の収集、収蔵資料の整理、収蔵庫のくん蒸消毒
・調査研究――市内遺跡の企画展、ガラス乾板の企画展、ちょっと昔の調査研究
最後に市史編さん事業がある。
・刊行――市史等の刊行準備
・教育普及――市内史跡めぐり、講師派遣、古文書解読講座
・資料の収集・保管等――資史料の収集、古文書解読、資料のマイクロ化及び古文書公開整備

など、極めて多彩なものがある。他の市町村でも似たようなことがあろうと思う。しかし、これからが私の疑問なのだ。それは、それぞれのイベントに連動性がほとんどない、ということである。図書館にしばしば通う人は、図書館で行なっている事業には目がいく。そしてその次、その次と図書館のやっていることにはまっていくことがあろう。同様にゆうゆう大学に一度きっかけを持った人は公民館事業にはくわしくなる。要

は、市の社会教育を総合的に体系的に紹介して組み上げ、個人としての市民に上手にアレンジしてくれていないのである。内容をうまく組合せ、諸講座の水準を的確に紹介してくれれば、講座のムダもはぶくことができるかもしれないし、受講者のためにはるかに効果的な総合学習のカリキュラムを組むことができるのではないだろうか。さらに学校教育をも含めて市内圏で学習活動できることをまとめればありがたい。

そして、これをさらに地域のより広い範囲まで連動拡大すれば、どの程度のことができるか、考えれば考えるほど、大きな楽しみが生まれてくるのだ。これが私の生涯学習学園の構想ということになる。

第五章　図書館の行なうイベントに参加する

映画会や人形劇が人気

ふだん図書館にあまり出掛けない人でも、タダで映画が観られるというと、走って図書館に行く人が少なくないから愉快である。私の住んでいる所では、図書館そのものがやっている映画会と、ボランティア団体がやるものとがある。私も所属するこのボランティア団体が主催したのは、一昨年が「カサブランカ」だった。一九四〇年フランス領モロッコの話だ。戦乱のヨーロッパから逃れてアメリカへ脱出しようとする人々がカサブランカの街に集まる。アメリカ人リック（ハンフリー・ボガード）の酒場に、抵抗派指導者ラズロの妻イルザ（イングリッド・バーグマン）が現われる。まあ、メロドラマである。

昨年は「エデンの東」をやった。一九一七年のアメリカ、カリフォリニアの農場主アダムの双子の兄弟アーロンと弟キャル（ジェームス・ディーン）がいる。聖書のカインとアベルの話であった。美しい田園風景とディーンの甘さが売りというところか。

子どもたちが大好きなのは、読み聞かせのお話と人形劇である。ボランティア・グループがかなりの頻度で図書館の部屋を使って童話を聞かせたり、大きい場所を借りて人形劇を行なっている。これらは今のところ皆、女性の活動だが私たち男性も支援を行なう。広い会場で百人くらいの子どもが集まるのだが、仮舞台を立てて人形芝居が始まると、ビニールシートを敷いた床に座って懸命に劇を見、お話を聞いている子どもたちは、興奮してきて舞台の前まで飛び出してくるのだ。仮舞台は仕立てが華奢だから子どもに体当たりされてはひっくり返ってしまう。だから、私たち「警備員」はアンパンマンの顔を書いて頭にくくりつけ、その姿で子どもたちが一定の線より前に飛び出すことを押さえなければならないのだ。休憩の時間、子どもたちは私の頭の上のアンパンマンを私とからめて見てしまい、親しみを感じるのか、私の胸に飛び込んでくる。

次回は地域の人形劇団ピッコロが「だるまちゃんとてんぐちゃん」をやるという。またたくさんの子どもがやってくるだろう。

読書会が組織されていればいい

以前は「読書会」という言葉が今より多く、もっと普遍的に用いられていたような気がする。学校でも、職場でも、図書館の周辺でも「読書会」というものが日常茶飯のこととして行なわれていた。それがどういうものか、少なくなっているようだ。「読書会は、かって文化であった。大学生になれば、本を読んで集まり、それについて話をすることは、誰に強制されるともなく続いてきた文化であった。」（斎藤孝『三色ボールペンで読む日本語』角川書店　二〇〇二）ということだった。過去に何十回も読書会を主催してきた斎藤氏は、読書会をうまくやるコツについて書いている。「大事なことは、全員が最後まで読んできていることを前提にしないことだ。読書会がうまくいかなくなる最大の原因は、読書会当日までに本を読み終えることができない人が多数出てしまうことだ。そのために出席しない人、出席しても話ができずに疎外感を味わう人などが出てくる。そうして立ち消えになっていく読書会は多い。」だから、これの対策を考えなければならない。

読書会がどんなものであっても、読んだ本の内容を人に話すことは効果的である。「一人だけでもいい。心に強く印象に残った文章を暗記しておいて、人に話しまくるのだ。はじめは本を見て話してもいい。何度か話しているうちに覚えてしまうだろう。」というのが参考になる。

そして斎藤氏、読書会の三つの方法を推奨している（同上書）。

①参加者は本に三色ボールペンで印をつけて読んできてもらい、おもしろいと思って緑色のボールペンで印をつけたところを何頁の何行目というように指摘してもらい、その理由をコメントしてもらう。皆がこれをくりかえす。何となく議論するというのでなく、常に何頁のどこというように議論をする方がたがいに目を開かれる。

②マッピングコミュニケーションを試みる。二人でやるなら、二人の間にＢ４判くらいの大きさの白紙をおく。そこにキーワードを書き込みながら対話をする。小説なら登場人物の名前を図化するだけでも理解しやすくなる。また鍵となる概念をマップにするだけでも有効である。対話しながら同じ紙の上にキーワードを書き込んでいくと、ムダなくりかえしが少なくなり、全体の話の流れが一目で見渡せるようになる。

③みんなで読書クイズをつくる方法もある。例えば、その本に書かれている具体的な言葉が答になるようなクイズをつくるのだ。その質問を見て、はじめてそんな視点でその本を読み直すことも起きる。センスのいいクイズをつくろうとするうちに、作品の理解も深くなる。

子どもに本を読み聞かせたり

人間が大きくなる前に、つまり幼時に、本を読んで聞かせられるということは成長段階の過程としてたいへん有用なことだというのは、今や常識になっていると思う。

先刻の斎藤氏が、ことさらに子どもに聞かせるにふさわしい本として薦めるのは、『ギルガメッシュ王ものがたり』『ギルガメッシュ王のたたかい』『ギルガメッシュ王さいごの旅』（岩波書店）の三部作、と言っている。これは、「メソポタミア世界最古の神話の一つ、この王の物語を絵本にしたもので、友情と恋愛、英雄物語、生と死の物語、悪との戦い、旅など、物語の原型がほとんどといっていいほど入っている。」としているのである。その他江戸川乱歩の『怪人二十面相』シリーズは小学生に読んでやるのに楽しい本だとし、『ドリトル先生』シリーズが読み聞かせに向いている、と斎藤氏は言う。「本のよさは、イマジネーションをそだてるところにもある」というのは事実だろう。アニメなど映像の形にすると、すでに作る側が想像力を駆使されているが、本は言葉以外に何もない。そこでいろいろ想像をきたえる、よいトレーニングになるというのである。宮沢賢治の作品もまた、想像力の豊かさという点でも、読み聞かせに最適という。

こういう読み聞かせのグループが図書館の周辺には少なくない。私の所属する流山市の図書館ボランティアグループ「栞」でも、ひんぱんに図書館で子どもたちを集めて、やっているのだ。

ついでに言えば、流山市立図書館関係の団体はこの他にもいくつもある。地域文庫、七つもの読書会、四つの人形劇団、拡大写本の会、さきほどのボランティアグループ「栞」などである（『流山市立図書館年報』二〇〇〇年度版による）。こういう文化活動は、図書館を核にして進めれば、人が集まりやすい。事務局を置きやすい。広報にも都合がよい、など、いろいろな面で都合がよいのである。

本を読ませるイベントを

私は、図書館が行なうイベントの最大のものは、利用者に本を読ませることに関わるイベントでなければならないと考えている。つまり読書を勧める事業である。図書館は毎日、利用者に読書を勧めるべく行動しているはずなのだが、具体的には以下のようなことを考えることになろう。

①読書を推し進めること
②図書館の利用を勧めること

そこで、これに適切なイベントをいろいろ考える。私がすぐに思いつくのは、
①公募――図書館を利用しやすくするためのアイデア、例えば、分類を分かりやすくするための方法、より多くの利用者がやってこられるようにする方法など
②書物の展示コーナー――分類の現実的な方法を考えるべきで、書店の売り場の棚にヒントを得ることができる。例えば、時事問題として、北朝鮮やイラクのことを書いた本を集めてみる。科学の問題にしても、ノーベル賞のダブル受賞が話題になった時はそ

の関連のものを集めて、普段あまり関心を持たぬ人々にも関心を持たせることを試みる。社会科学的なものでも、何か世間の話題があった時などに、そんなコーナーを用意してみるのがいいと思う。

③常設の基本図書講座——参考資料の求め方、レファレンスの仕方などを毎月催す。

などである。

図書館にやって来る人々の何割かは、どんな本を読もうか決めないで来ているだろう。そんな時に、有意義な読書の機会を与えるには、そのための「企画」がほしい。あちらから、こちらから、利用者の興味を掻き立てるようなイベントを考えることが重要だ。なにかしら、「特集」的なものを工夫する。この頃は毎日が「何々の日」かに当たっているようだ。同様に「何々週間」「何々月間」というものがある。そういうものを取り上げてもおもしろいのではないか。「新聞週間」では新聞がどのように作られるか、どのように読むべきか、日本での新聞の歴史は、などといろいろな小テーマがあり得るから、そういうものを見るにはこういう本がありますよ、ということだ。要は一般利用者が「おや！」と思うことが大切で、そこから、日常関心を持てなかった内容に興味を持ってもらうのである。

ちなみに図書館関係でも、そういう「日」などがいくつも決まっている。四月二十三日は「子ども読書の日」、四月三十日は「図書館記念日」、「子どもの読書週間」は四月二十三日から五月十二日（「子ども読書の日」をはさんだ三週間）、そして五月は「図書館振興の月」である（『図書館雑誌』二〇〇二年四月号）。

他での例は、博物館を見ればよい。博物館は平常の展示の他、時々「特別展」とか「企画展」というのを、館の何割かのスペースを割いてやっている。観覧者は、その都度、新たな関心を持って見に来ているではないか。この要領がどうして図書館に応用できないのだろうか。

上のように、内容で特別企画をやる以外に、利用者の対象者別の企画を考えてもよい。普段は開館時間の都合でほとんど利用しに来られないサラリーマンを対象に、日照時間の長い夏の期間にでも、ビジネスものやお楽しみものといったものをまとめて提供する方法はどうか。あるいは夏休み・冬休みなどの期間は、児童・生徒・学生などのために特集を考えることができるだろう。その他秋の夜長のころ、高齢者向きに肩のこらない読物には、こういうものがありますよ、とかパソコンの自習書にはこんなものがありますということができそうだ。俳句・短歌・エッセイ・自分史などの作り方コーナーをつくってみるのもいい。

また、ある個性をもった人（知名度の高いタレントさんなどなら非常にいいと思うのだが）に依頼して、その人の思惑で、あえてヘンな分類で本を並べて貰う。例えば、①おもしろい本（ハラを抱えて笑う本、ニッコリする本など）②怖い本　③悲しい本　④嫌な本　⑤嬉しい本　⑥気持悪い本　⑦ハラのたつ本　―などなどである。右は私がまったく勝手に考えただけで、こんな雰囲気のふざけた展示でもいいではないか。要は、奇抜なアイデアででも何でも、とにかく新しい視点で本に触れることができたらよいのである。公立図書館だって、まじめな企画でなければならないことはないと言っておきたいのだ。

病院・保養施設・介護施設などに臨時出張図書館を試みるということはできないか。病人やお年寄りは本に餓えているかもしれない。ふだんなかなか読書のチャンスがなくて、寂しい思いを抱いているかもしれない。そんな人たちへのアプローチを考えてみよう。

それから、読書コンクールというのは子ども・学生ばかりを対象にしているような気がするが、大人を対象にして試みるのもいいのではないか。

要は、これまで本や読書の習慣に乏しかった人たちに、本に関わってみるチャンスを与えること、図書館というものを利用してみることの楽しさ、有用さを経験として味わって貰うということだ。そんな努力を図書館は考えてほしいと思うのだ。そしてそういう場合の知恵と労力は、それこそ図書館ボランティアをフルに活用すればよい。

中高年への読書運動

読書に関する話としては、「中・高年」とひとくくりにするわけにはいかない。まあ学校教育の影響から去って、そういう関係からはひとり立ちしている人々ということであろうか。この人たちをさらに区分しようとすると、それは、職業をもっているか、時間が自由になる人かということになりそうである。

サラリーマンはとりあえず給料を貰っているということで、経済性はよしとするわけだが、この人たちの難点は時間である。朝早くから晩遅くまで仕事をし、通勤時間も長い。そうすると、本でも読めるのは通勤電車の中か、休日しかない。休日は家族サービスだとかなんかの雑用もあるだろう。たまに残業もなくて少し早めに帰れるとしても、自宅の近い図書館は、すでに閉まっている。私も定年を迎える前は、どうして地元の公共関係のイベントは平日の日中にやるのか、と憤慨してばかりいた。稀に行ける日があって、市の公会堂か文化センターなどを覗いてみると、果たして出席者というのは専業主婦とおぼしきおばちゃんと、その中に点々としか見当たらない定年退職者風の高齢おじさんである。文化講演会やカルチャーセンターも、勉強したがっている女性が大半である。暇と金を自由にし得る、とりあえず幸せな人たちであった。やがて私も定年を迎え、こういう事情も詳細に分かり、自らかって眺めていた対象者の側にも入ることができるようになった。時代も次第に変わってきて、今や六十五歳以上の人が千五百万人である。

しかし、在職者はもちろん多くいる。この人たちが日中（昼間）の文化を享受し得ていない事情は変わらない。この人たちの時間の問題をどうするのか。これは簡単だともいえる。そういうイベントを夕方にやってあげるということで、サラリーマンも参加できる可能性が出てくる。しかし現実にはこの話はムリだろう。他の参会者を失うだろうからだ。結局は、サラリーマンが勤めを休んで参加するしかないだろう。

そして図書館などの施設がこの人たちにもサービスを提供できるのは、唯一開館時間の延長である。私の利用している市立図書館の開館時間は、中央図書館で月曜の休館日以外の毎日は午前九時半~午後五時、木・金曜日のみが午後七時までとなっている。これらを何とかさらに延長して貰えれば、サラリーマンの人々も来られるかもしれない。サラリーマンは電車の中で読みたいものを借りたいだろうと思う。この対策をなんとかできれば、これが図書館の行なうイベントとして大いに意味のあることといえる。

第六章　あらゆる市民層へ

図書館は誰が動かしているのか

図書館のオーナーは住民であるはずだ。市民は図書館をもっと充実させてほしいと考えている。否、充実したい、と自分の意志で考えていると言ってよいだろう。図書館の館数が人口に見合っているか、分館を増やさなければならないのでないか、図書購入費の増額、必要な職員の増加を、という声がもっとドンドン上がってよいのではないか。市民は図書館行政をウオッチし、立ち遅れているなら住民の側から要求して行政を啓蒙しなければならない。自治体の長や幹部職員は、図書館についてきわめて無理解な場合が多い。学生時代あたりから本は自分で買ってきた人が多いだろうから、本好きな人であればあるほど、かえって図書館に対する認識がたりないかもしれないのである。貸し出しの窓口だけ見て、館員の仕事など誰でもできる簡単なものと考える。

図書館員は、古い資料から最新刊の本についてまでの詳細な知識を持っている必要があり、また本や知識そのものに対する情熱を持っていることが不可欠である。市民は、自分の望むべき図書館の姿を実現するまで動いていき、それにふさわしい職員が揃うことを期待すべきだ。

「図書館の運営は本好きによる地域ＮＰＯで行なうべきだ」と森まゆみ氏が言っている（『本とコンピュータ』二〇〇二年夏号）。森氏がいうのは、図書館というのは、経費の七割が人件費、施設費が二割、資料費がわずかに一割なのだから、資料費をもっと増やすには人件費を節約しなければ、ということなのだろう。

ほんとうに図書館が、本のことにもあまり関心のない、あるいは関心の乏しい人たちによって動かされているのではないかと懸念させられることがある。特に上層部の人が、単に行政の幹部の人事でやって来たという場合はたまらない。ただ日常業務が動いているだけである。その雰囲気は下に響く。私の知人のＴさんは無類の本好きである。どうしても家の書棚が本で満杯となり、泣く泣くはみ出た本をなにがしか、リサイクルにと図書館に持って行った。汗を流して本を車からコーナーに運び込んだら、館員はこちらを見向きもせず、どんな本が何冊ほどあるのかも問わず、持参した人の氏名をも問わず、ご苦労さんとも言わず、「そこに置いといて……」とひとこと言っただけだったそうだ。Ｔさんは怒り心頭に発したという。人を人と思わず、本を本と思っていないのではないか。（こんな館員のいる図書館なんか……）と以後軽蔑の眼でこの図書館を見つめているということであった。本が好き、人が好き、という感じがほとばしる人たちが図書館で仕事をやってくれていると信じられたら、図書館に出かけるのも嬉しい。全国の図書館で、こうした人の問題にも思いを馳せてほしい。

選書ツアーというイベント

図書館側はどういうようにして資料つまり本を購入しているのだろうか、ということはかねがね興味関心のあることだったが、じかに市民に本を選ばせているという所があることを知った。細谷洋子「市民による選書ツアーを考える」（『みんなの図書館』二〇〇一年四月号）所載）を見ると、このリポートが書かれている。二〇〇〇年六月に開館した石狩市民図書館は、開館の前年十一月に市民参加の「本の選書ツアー」を実施したという。任意の市民先着二十五人を定員とし、書籍取次店トーハン北海道支店で、十万点の図書を前にして適宜本を選んで貰った。そしてこれまでに図書館側で収集した本との重複をチェックして、これらを購入、図書館の蔵書にした。基準といって格別のことはなく、ポルノ、特定宗教以外は構わず、自由に選定したという。

図書館側の反応は、市民参加への姿勢は評価しつつも選書の専門性を放棄したのでは、という反省もあったとか。蔵書構成に歪みが出ないかともいう。しかし、この人たちが選んだものに司書側が専門的な立場から、もっといい本があるから、とアドバイスをしたともいい、また、これで選択した本は、全購入図書のどれだけの比率であったかは判然としないが、僅かな比率であったのではないか。住民の方はこの催しに肯定的で、嬉しかったとか、喜びを示したという。ボランティアの自己学習的な一面もあろう。なかなかいい試みではないか。そして蔵書選定ツアーで選定した本を図書館は一定期間、コーナーをつくって別置し、利用者に見せる。選定された本の利用度を公開する、ともいう。であれば、むしろ図書館員の側の刺激にもなるではないか。

なかなかいい企画だなと私は思っていたが、また他誌ではこれに反論があるのを見出した。澤田正春「『選書ツアー』という憂鬱な催し」（『図書館雑誌』二〇〇一年十一月号所載）によると、これは「『あなたの選んだ本を図書館の蔵書に』と先着二〇名なり、三〇名の住民を募り、一人あたり数万円の範囲内で書籍取次店や書店で本を選んでもらい、それを図書館の蔵書にするツアーである。」と説明されている。澤田氏のコメントによれば、「もし、参加者が選んできた本を図書館職員や館長が選別したら参加者の価値観や精神世界に踏み込んで判断選定することになり、『図書館の自由』と相容れないと思うのである。」という。住民の選んだ本をそのまま受け入れる所と対話しながら選ぶという所があるようだ。要するに澤田氏は「いくら住民参加の潮流の中とはいえ、公民館図書室の時代ならいざ知らず、なぜいま選書ツアーが頭を擡げているのか、考えていると憂鬱になってしまう。」と否定的なご意見のようである。

この話は選書の基本的な問題に拡大してもいい話である。図書館側には選書専門の司書がおり、十分吟味してバランスよく、もっとも適切な良書を集めて提供しますから、図書館蔵書はこちらに万事お任せください、と図書館はいうようである。しかし、選書の専門性とは分かりにくい話だ。利用者が何を求めているかが、図書館の人ならすんなり分かるというのだろうか。必ずしもそうではなく、今この図書館にはないが、私はこういう本を読みたい、という人があるから、それに応じて「予約購入」のシステムがどこでも行なわれているのだろう。そこで図書館は、その希望に必ずしもすべて応じているかどうか。先ほどの選書ツアーというのは、最初から買いたいものを選ばせる。それもいきなり何万冊の本を目の前にして、というのではたしかに偏りが出そうである。しかし、市民・利用者に欲しいものを選んで貰うというのは、考え方としては悪くないではないか。購入図書全体の中ですこしのパーセントなら、イベントとして利用者の関心をたかめるおもしろい方法ではないのか。問題は方法だと思う。だから選書委員会とでもいう形で、いろいろな分野の人を多角的に市民から選んで貰う、そしてこの人たちの選択したものが、結果としてどう利用されるかは、また結果を統計的に見ていったらいいと思うが。図書館側の目が正しいか、市民側の選択が現実的か、などと二者択一的に考えず、双方の長所を取っていけばいいと思うのである。

図書館友の会という組織

「図書館友の会」という組織は、日本でも外国でもかなり普遍的につくられているようだ。これがボランティア団体であることもまた普通と認識されている。私は流山市の図書館でボランティア団体に加入しているが、この中でも人形劇やお話聞かせの部門グループは活発だが、全体としてはまだそんなに積極的な感じがない。

私は、もっと図書館の管理運営にも示唆を与えるような、積極的な動きが望ましいと思うのだが、団体の幹部はそうは思わないようで、今までのようなやり方でいいと皆さんおっしゃるからと、動きはにぶい。

わが国の県立図書館レベルで見ると、図書館がボランティア活動を受け入れたのは、一九六五年だそうだ（図書館ボランティア研究会編『図書館ボランティア』丸善、二〇〇〇）。図書館ボランティアには、①業務請負型　②住民運動型　③生涯学習型　の三通りがあるという。①は図書館業務のうち、本の貸し出しや返却本の整理などを行なうものであり、わかりやすい。②は自分たちの図書館という意識で地域の図書館をよくしようと考え、住民参加の性格を持つ。③は専門的な関心を持ち、知識や技能を有する人々がその知識や技能をブラッシュアップしながら、他の人々へ知識・技能を提供していくというものである（同上書）。

さて日本の図書館ボランティアは、この区分のように、それぞれ仕切りがあるように思え、友の会という形・名称をもっているものもあるが、普通にいう図書館ボランティアとの差はあいまいである。一方、アメリカの例で見ると、ほとんどが友の会の形式・名称を持ち、かつ規模が大きいように見える。図書館側にはボランティア・コーディネーターをおき、ボランティア希望者と面接してどんな仕事がその人に向いているかを見定める。

私たちは、もっと的確にボランティアのあるべき姿を認識し、その方法を学び、適切な行動をとらなければならないと思う。この本を読んで、私なりに理解したことを簡単にまとめてみよう。

（1）入会時のこと　①その図書館を気に入っているか　②図書館の運営方針が納得できるか　③ボランティア活動の状況を聞き、その雰囲気が自分に合っているか　④自分の知識・技能・経験を生かすことができるか　⑤自分の生涯学習や自己実現の機会となるか　⑥活動に必要な時間が無理なく取れるか　⑦活動にやりがいや興味・満足を感じるか　⑧保険料など自己負担になるものはあるか

（2） 活動のルール ①活動する部署の方針に従う ②活動を約束したら日時を守る ③利用者のプライバシーを守る ④利用者に平等に接する ⑤判断のつかないことは職員に確かめる

これらが、図書館ボランティアに入ろうとする人たちへの注意事項である。こうして一般的なボランティアの知識を得て後、アメリカでの友の会の動向を見てみよう。アメリカでは、ほとんどどこでも図書館友の会（フレンド・オブ・ザ・ライブラリー）が地域の図書館を支持して、積極的な活動を行なっている。具体的な一例として、悦子・ウイルソン『サンフランシスコ公共図書館　限りない挑戦』（日本図書館協会、一九九五）によって、サンフランシスコ公共図書館のボランティア活動の様子を読んでみる。この会の目標というのは次のようなものである。

①図書館のプログラムに対し、市民運動を通して後援し、援助する。
②図書館の存在を地域の人々にアピールする。
③図書館への贈与、寄付等を奨励する。
④図書館の基本予算では賄えないもののうち、必要なものを財政的に供給するよう働き

かける。
⑤図書館と地域住民とのふれあいを高めるプログラムを企画する。
⑥図書館活動を広範囲にしていくことへの理解を求める企画を立案する。
⑦機能的な図書館建設への運動を展開する。
⑧地域文化を盛り込んだプログラムの後援をする。
⑨地域のさまざまな公共的活動に参加する。
⑩図書館が、その地域の教育、すなわち識字教育、生涯学習等の援助をしていることへの理解を求める（同上書）。

　これを見ると、わが国での友の会などとは大きな違いを発見することになる。まずこの友の会の構想が極めて大きいことだ。そして財政的にしっかりしていることである。元々この会は「図書館で行うプログラムや財政を援助し、図書館に対する公共援助を確立することを目標に設立され」たものであるといっている。会は「図書館と地域住民の間のパイプ役」となることを考えている。さらにいえば、「地域住民の知的レベルを一流のものとすることを心がけている組織」といっているのだ。

一九九〇年には、新たに次の方針も加えられた。

①理事長幹部会議を再編成し、毎月の定例会を躍進の場とすること。またより多くの友の会のメンバーを募ること。

②ますます拡大するサンフランシスコの、さまざまな人種グループのニーズに合うような資料を提供するよう努めること。

③友の会の予算委員会は、図書館により多くの財源をもたらすような新しい方法を考えると同時に、予算増額ができるように市民と政府に働きかけること。

④法人、会社、専門家のメンバーを増やすこと。

⑤サンフランシスコ公共図書館が、この町の文化的生活の中心になるよう、その価値を高めさせ、文化センター的イメージをもたせること。

などというのは、日本ではちょっと及ばないような力づよさである。わが国のボランティア活動では、自らの会の財政でさえ心許ない状況である。それをアメリカでは、図書館の財政を考えているのだ。そして何よりも違うのは図書館を自分たちのものとしっかり認識して、自分たちの力でこれを良くしていこうというパワーがみなぎっているということが、これらの目的や規約などを見るだけでわかるのである。

この会は現在、三千人の会員がいる。おもしろいのは「会費」の額の設定である。図書館や本に関わる熱烈度や、会員の身分によって会費の額が異なる。ランクは九段階。①文学王　一〇〇〇ドル　②本の保護者　五〇〇ドル　③本の収集家　二五〇ドル　④本気狂　一〇〇ドル　⑤本好き　五〇ドル　⑥本の虫　二五ドル　⑦高齢者　（六五歳以上）　一〇ドル　⑧学生　（一八歳以下）　一〇ドル　⑨低所得者　一〇ドル。上位の額にランクするかどうかは自分の意志によるのだろう。なかなかユーモラスである。

そして、この会員はどのようなサービスを受けるのか。①サンフランシスコ公共図書館の月刊ニューズレター　②ブック・セール（本の販売）の通知　③講演シリーズの割引　④特別行事への招待　⑤文学会への招待　（以上は同上書より）

こうしてこの友の会の様子は、この本を読めばいろいろ分かるのだが、省みてわが国ではどうしていけばよいのだろうかと考えこまざるを得ない。私が考えるのは、やはり狭義のボランティア活動というに留まらない、図書館友の会という形に運動を広げるべきだということである。先に見たわが国のボランティアの三つの型といわれた業務請負型、住民運動型、生涯学習型、これが全部含まれたものである必要がある。つまりわが国でも考え方においては、すでに出尽くしている。しかしまだまだ力が弱いのである。基本的にボランティアという考え方が浸透していない風土では、一挙に多くの人の支持を受けるのは難しいことだが、一つの見本がアメリカにあるとして、取れるところはかの地に倣ってやってみたいと思う。

まず自らの足元の財政をしっかりしなければだめだ。会員で余裕のある人には高額の会費を払ってもらえばいい。賛助会員的に法人にも入って貰えればなおよい。入会希望者にはよく説明をして、自分にはこの会で何ができるか、また自分は何を享受できるか、これを十分に納得して貰った上で会員になってもらう。会員は会費を払い、活動に入っていく。組織として図書館に協力できること、図書館はわれわれ利用者にどういうことをしてくれるのか、たがいのメリットを考え合わさなければならない。利用者として図書館をこう動かしていきたい、という理想を掲げ、組織的に館の運営に関わっていくことができればいい。こうして各地の図書館がその友の会で組織されていく過程で、全国的な友の会連合組織がつくられていけば、より大きな力を持てるだろう。

図書館員の勉強

図書館員という人は常日頃いろいろなレファレンスを受けたり、全利用者のことを想定しつつ図書の購入を決めたり、ということをしているのだから、それはそれでルールに従って修練をしているのだろうが、実際にはどんな勉強をしているのだろうとかねがね私は関心を持っていた。ビジネスマンならまずは経営学一般の本を読み、後は自らの業務に応じて労務だとか会計だとかの専門書を読む。そういう立場で考えて図書館の方は、どういう本を読まれているのだろう。

そうこうしているうちに、図書館関係者自身がそういうことを言っているものを読むことになった。

（上略）近年では、利用者の図書館員に求める事柄も多様化してきて、図書館員も安閑としてはいられないようになってきつつある。従って図書館員も何かにつけて勉強を強いられるわけであるが、何分図書館は不特定多数の市民（利用者）が対象であるから、図書館員は、一体何をどう勉強すればいいか迷うのである。

私としては、いささか口幅ったいが、自分自身の経験から搾り出した結論として、図書館員は、語彙を豊かにする勉強（小説を読む）をして欲しいと願っている。それも語彙を増やそうと意識してはいけない。少しばかり過去の小説を楽しんで読むことを心掛けておけばいいのではないかと思う。言葉は小説のなかで一番生きいきしているのですから……。（後略）（久保和雄『図書館に生きる』青弓社、一九九一）

そう言っているうちに私はまた、『図書館員に勧めたいこの一冊』（図書館協会、一九九七）という、そのものズバリの本を見つけた。ところがこの本の「まえがき」に「図書館員は『本』を扱う専門家にもかかわらず、仕事に関する本をあまり読まないのではないかといわれています。ぜひ、本ガイドをひもとき、先輩の方々がイチ押しする本を読んで、『懐の深いプロ』になられることを期待します。」とあって、オヤオヤと思った。六十点の書物を取り上げているのだが、これを十一項目にまとめている。

1　図書館史をひもとき「過去」を跡付ける
2　図書館・情報学の基本に還る
3　図書館の存在を確かめる
4　図書館員の役割を振り返る
5　各種図書館運営論を読み現場を見直す
6　図書館の蔵書構成を考える
7　図書館資料を適切に保管する
8　図書館サービスの華、レファレンス・ワークを展開する
9　情報検索に習熟し「サーチャー」を目指す
10　書誌学・書物論を読み「本」の知識を強化する
11　その他推薦本も読み、幅のある「図書館員」となる

というのであった。これらは私にも納得のいくもので、ほっと安心することができた。

推薦本を一冊だけ盗み見しよう。例えばS・R・ランガナタン『図書館学の五原則』(森耕一監訳、日本図書館協会、一九八一)のいう五原則というのは、①図書は利用するためのものである ②いずれの人にもすべて、その人の図書を ③いずれの図書にもすべて、その読者を ④図書館利用者の時間を節約せよ ⑤図書館は成長する有機体であるということで、この推薦者も「『五法則』は最良の図書館サービスとは何かを改めて問い直す設問である」と感心しているのであった。

図書館の仕事の中で本を購入する担当者は、格別広い知識を必要とするだろう。推薦図書や書評などを常時注意しているとも聞く。しかし、書評というものは主観的なものだから、どの程度その評価を受け入れてよいのかは難しい。著者と評者の関係も様々だろう。著者に対して評者の専門性や見識が格別に高い場合は批評の形になろうし、同等であれば一般的な書評、低い場合は読書感想文となる。問題は真ん中のものだ。書評されるべき書物が圧倒的に優れたものであればよいが、多くは評者の見解で評価の分かれるものとなる。お世辞、義理、提灯持ちの書評もあるに違いなく、また逆に過度の低評価を与えたり、軽蔑的なものすらある。つまり書評の読者は、書評がどういう立場でなされているかを知る眼力が重要なのである。図書館員の勉強はこういうところにも反映されるだろう。

電子図書館

いよいよ電子図書館という言葉がはびこるようになってしまった。もっとも玄人すじでは、もうすこし前から、こんなことは何でもない話ではあろう。現在は図書館でコンピュータを用いて検索する云々といっても、ある本を知っていてそれがどこにあるかを探す、あるいは、あるテーマにふさわしい本にはどんなものがあるかを探す、というようなことが多い。そのためには、本の目次くらいはすべて探せば出てくるようになっていなければならない。しかし、その先は本文すべてがコンピュータで読めるようになることだろう。書物万巻がこうなるためには、とてつもなくコストがかかるから、現実にはどこまでいくものかと思われるが、ある程度は究極のところに接近して行くだろう。もっとも新聞雑誌などにまでこれに関わらせるとすれば、これはたいへんである。しかし、谷口敏夫『電子図書館の諸相』（白地社、一九九八）を読んでみれば、もっとおもしろいことが書いてあった。

……たとえば将来夏目漱石の全集を全文コンピュータに格納し、利用者が直接漱石と対話できるようなことまでを視野に入れた図書館システムが必要になる。それは、漱石が漱石自身として利用者に回答できるようなシステムを図書館は想定しなければならないということである。

「夏目漱石先生。あなたが『こゝろ』を書かれた時期のあなたの心理状態を知りたいのですが」

〈それは全集の○巻の△ページを読んでください。要約すると次のようなものです。〉〈……〉

〈また、その後の関連文献として江藤淳氏の次のようなものがあります。〉

〈……〉

こうなると、漱石研究も実に容易なものになりそうだ。そしてさらに、本書は、次のようなことまで、書かれているのである。

新たな図書館サービスとは、求められた時には情報の内容にまで配慮したサービスを提供できるものでなければならない。また図書館は学術のためだけではなく、人々の生活の根ざした中で、生きていく中で必要となる情報を、適切に手に入れることのできるようなサービスとなるべきであろう。

現在の図書館で「こんな内容の小説が読みたい」とか「こんな風なタイプの俳優が出ていて、最後はハッピーエンドになるような冒険推理映画がみたい」といってもほとんどの場合には、答はない。これでは人々のためにある図書館という標語も寂しくなる。

というのであるから、この著者の理想はきわめて高いもののようである。

図書館のホームページを訪れる

地元の図書館は気軽に自分で出かけるだろう。しかし、調べ物の具合で、もっと大きい図書館へと考え、さらに都立・県立図書館などでも物足りないとすれば、国立国会図書館に行ってみようと考える人は多いだろう。しかし何となく敷居が高いし、いきなり行って大丈夫かなと考えるなら、ホームページを覗いてみるといいかもしれない。パソコンをやらない人にとっては、ホームページ云々というといかにも疎外感を感じるかもしれない。しかし、別にパソコンをやらなくても死ぬわけでもなく、コンプレックスを感じなくてもいいが、確かに使えると便利この上ないものである。ワープロは文書作成手段という範囲では使い勝手もいいし、日常おおいに重宝しているがパソコンはどうも苦手で、という人もある。しかしワープロとパソコンの差は、自転車と自動車の差ほどのものだと私は思う。したがって、ワープロだけ使っていてもいいのだが、困ったことにはもう国内メーカーはほとんど作っていないようで、壊れても修理も困難になってきたのである。

国立国会図書館のホームページアドレスは、http://ndl.go.jpである。出かける前に、休館日や利用時間など見ておいた方が安全である。その他諸手続きも見ておくなら、ホームページでいろいろなことが調べられる。とりあえず、「資料相談」や「資料検索」は見ておいた方がいい。「総合案内カウンター」があり、「各専門室カウンター」があり、研究テーマに応じた文献の調べ方も教えられるとしている。「なお、以下のような事項についての問い合わせには応じていません。」という説明がある。「一　将来予測など、図書館員の推理、推論、価値判断を求める質問。二　良書の推薦、図書の購入や売却の斡旋・仲介。三　古書・古文書・美術品などの鑑定および市場価格の調査。四　文献の解読・注釈・翻訳・抜粋の作成。五　学習課題、レポート・卒業論文、懸賞問題の解答などについての調査。六　個人のプライバシーに係わる事柄の調査。七　身上相談、法律相談、医療・投薬相談。八　網羅的な文献目録の作成。九　調査・研究の代行。十　合理的な検索手段のない記事や写真などの調査。」なるほどこれらは図書館レファレンスの基本だろうと思われる。こんなことを聞く人があるものか、とおかしくなるのもある。また国会図書館ではこうだが、地方の小さな図書館ではまた違った基準があり、実態も多少違うかもしれない。

さてパソコン検索になじむのは、「資料の検索」だろう。昔は図書館に行って、カードボックスから、しこしこ目を皿のようにして文献をあさったものだが、今はキーワードをパソコンに打ち込んでみれば、それに関わる文献があれば瞬時に出てくる。「国立国会図書館の図書・逐次刊行物などの所蔵資料は、『蔵書検索・雑誌記事検索』の『国立国会図書館蔵書検索・申込システム』(NDL–OPAC)で検索できます。」とあるのがそれだ。今は多くの図書館がそれぞれに「オパック」といっているが、ここで「OPAC(オパック)とは、オンライン検索・申込システム(Online Public Access Catalog)の略称です。」と説明している。つまり、国会図書館に出向く前に自分の望む資料があるかないかが家にいながらにして調べられ、それから現物を見に行けばよいのである。

各図書館のホームページはできている所と持っていない所がある。ホームページのアドレスが分からない場合でも、県市町村名をパソコンの検索欄に日本語で入れて、市役所などが出てきたら、そこから市立図書館などの案内を見て、望むところに到達することができるはずである。その他専門図書館とかいろいろ有用な図書館などがいくらでもあるのだから、できればそれぞれのアドレスを探してホームページを見るといいと思う。

変ったところでは、もちろん私立だが自費出版図書館というものがある。東京のＪＲ新橋駅前にある「自費出版図書館」(http://www.mmjp.or.jp/jst/index.html)のホームページは、①本を探す　②自費出版する　③特定非営利活動法人（ＮＰＯ）自費出版ライブラリーの活動を知る　――ものとされている。自分史その他自費出版物のサンプルを見たい場合には、きわめて有用な所である。約一万五千点の蔵書があるという。

ここで私がおもしろいと思うのは、その成立の特殊事情から決められた分類法である。大分類は「戦争体験」「自分史」「旅行記」「闘病記」など一〇九に分かれるが、「戦争体験」は中分類で「その他」「戊辰戦争・西南戦争」「日清戦争」「日露戦争」「第一次世界大戦」「十五年戦争」「歴史」「朝鮮戦争」と区分される。さらにその「十五年戦争」の小分類では「日本（小笠原諸島）」「日本（沖縄）」「日本（千島列島、アリューシャン列島、アッツ）」「日本（樺太）」「日本（本土防衛）」「シベリア」「モンゴル」「満州」「中国」「朝鮮」「台湾」の十一に区分されている。該当の書籍はこの小分類から検索できる。

これらから分かることは、自費出版で多いものは、自分史、戦争体験記、旅行記、地方史、遺稿・追悼集、伝記、随筆、詩集、歌集、句集などであるということだ。

本の予約

読みたい本を捜してみたら、それはこの図書館にあるのだけれど、今は他の人が借り出していると分かった。それじゃその本が戻されてきたら、次に頼もう。これを用紙に書いて登録しておく。これが「予約」だ。しかし、やがて疑問が湧いた。借りたい本がここにない場合もある。そう言ったら、「買って貰う」ことを図書館に予約したらよいのだそうだ。これはウマイ、と私は思ってしまった。しかし、自分だけが買って貰って読みたいと言っても一般性がないかもしれない。そんなものまで言い出してよいのだろうか、などとも思い出した。ちょっと気が弱いのかな。それでいいのなら、図書館は買ってほしい、という要望、つまり購入の予約はいっぱい来ているのだろうなと思っているうちに、『本の予約』（森崎震二・和田安弘編、教育史料出版会、一九九三）という本があるのを見つけてしまった。さては図書館の世界では「予約」がそんなに問題になっているのだろうか。

この本は一冊まるごと「予約」の話であり、実にくわしく書かれている。

まず全国の公共図書館では九〇％が「予約」システムをとっているという。しかし予約処理がごくわずかで、全体の三分の一の図書館では一日一件にすぎないという。

さて利用者側が予約したとすると、図書館はどう処理するか。これが結構手間なことなのだという。だいいち、利用者のいう本が図書館にあるかないかの調査。そして利用者というのは、書名や何かモノを紙に書く時にとかく間違えて書くのだ。著者や出版社も書いていない。だから本の特定が意外に面倒なことらしい。予約された本が返ってきたら、すぐそれを捕らえなければならない。これはコンピュータ処理がされている今の図書館では、難しくない。

図書館が利用者の「予約」に応えるには　①返却待ち　②購入　③借用　の三通りがあるという。そして予約を受けて提供できるまでの日数は、①十二日、②二十八日　③

十日とのこと。購入に日がかかるのは無理ないことだろう。個人で書店に注文しても、「二週間ほどかかります」などといわれて閉口することが多いのだから。借用というのは、その図書館にない場合に、県立図書館や周辺の所に問い合わせて、借り出してくれるということである。

本がないかと問い合わせを受けて、ない時はすぐ予約をすすめるというのが図書館司書の積極性である。そして先ほどの処理をしてできるだけ早く利用者に届ける、これはたしかに図書館側の積極性の表現であるといえよう。

この本の「あとがき」には、次のような一節がある。「予約」の意味が表現されていると思う。

予約サービスは、個人から求められた資料はかならず提供するという図書館本来の使命を果たすためには欠かせない制度です。どんな資料を求めて図書館に行くかは、人によってさまざまに異なっているはずです。それが外国人であっても同じことです。人によって価値観や趣味や学びたいことが違うし、生活そのものが違うように求める資料もまた異なるからです。図書館が生活のなかに定着するためには、そういう一人ひとりの異なる資料請求に確実に応えられるものでなければなりません。そこで予約制度の必要性が生まれます。

アメリカの図書館事情

日本の図書館の様子をいろいろ見ていくうちに、アメリカの図書館事情をも見ておく必要があろうという気になった。やはりアメリカは日本の現状より進んでいる。図書館協会編刊『五つの公共図書館システム』（一九七六）によると、公共図書館での貸し出しというのは、図書、雑誌、フィルム、レコード、カセットテープ、額に入った複製画、玩具、ゲーム、縫いぐるみの動物までという。それから日本と違うのは開館時間だろう。小さな分館でも週一～四回は夜間開館（九時まで）している。

「出かける図書館」（アウトリーチ）というのもある。移動図書館とは少し違い、老人養護施設や、少年教化施設などに収容されている人々、在宅障害者などへのサービスである。「公平に公共図書館サービスを受ける権利がある」という理念に根ざしているのである。

個人の生涯学習に寄与するための計画を提供したり、その計画に参画することも図書館の重要なサービスである。自動車図書館（ブックモービル）の配本先は、退職者ホーム、医療施設、読書能力に障害をもった人々の施設、在宅障害者の家などである。老人医療施設などでは、ブックトラックを押して、各病室を回って配本するという。ベッドや車椅子の老人たちの間を縫って本を届け、そしてまたリクエストを聞くのである。

先述したところだが（第四章の中の「図書館利用の啓蒙が足りない」や「分類の話」）、アメリカのミネソタ州では過疎地方の人々に郵便で図書館の本を貸し出しているという。一回に六〇〇冊ほどのカタログが解説つきで収録され、このカタログには二枚のオーダーカードが挿入されている。郵送料は往復とも図書館持ち。貸出期間は六週間。わかりやすいカタログがついていて、利用者は多いという。

アメリカの「図書館友の会」は中央にも、分館にもある。これは図書館活動を支援するボランティア・グループなのである。月例書評会の手伝いもするという。市民自らの

「市民の図書館」を育てようとする運動といえるだろう。

具体的な個別の図書館のデータをちょっと見てみよう。ミソネタ州ヘネピン・カウンティ・ライブラリーの例。人口五七万人、蔵書九五万冊、貸し出し年間四一〇万冊、職員二七六人。人口一人当たり貸し出し数は七・一六冊、人口一人当たり蔵書冊数一・六六冊、人口一万人当たり職員数四・八三人、職員一人当たり貸し出し冊数一四、八一一冊。こうしてみると、日本の地方都市のデータを相当上回っていると思うが、それ以上驚くほどでもない。

しかし、徹底して全国いたるところまで網羅的に行くものだなあ、と感心するのは、小さい村にもあるプレハブの図書館という話だ。なんともかわいらしい図書館。蔵書八、〇〇〇冊、専門職員一人。それでも一日の平均貸し出し冊数が二五〇〜三〇〇冊という。開館時間は地域の実情に合わせてということで、月・水曜は午後二時三〇分〜八時三〇分。火・金曜は二時三〇分〜六時。木曜は一〇時〜六時、土曜一〇〜四時であるという。館員は中年の婦人。「小さな図書館だから、本を通して一人一人と結びついて、いいサービスができる。ここで働くのが好きです。」と言っているそうだ。

アメリカの自動車図書館は大きい。幅二・五メートル、長さ八～九メートル、室内の高さが二メートルは優にあるという。カウンターも返却用、貸し出し用と二つを前後に持つ。三週間で一巡回、駐車場は二五〇カ所、新興住宅地から学校、農場の庭先にも出かける。おもしろいのは、その中の二カ所はショッピングセンターがあり、毎週行くのだそうだ。駐車している時間は二五分～二時間。一台の車が一日に一三カ所の駐車場に止まり、夜八時二〇分までサービスするという。日本には、こういう例はないだろう。

図書館の運営は、ライブラリー・コミッションによる、という。館長もその任命による。委員会は納税者の代表としての住民によって構成されている。図書館の具体的な運営は、館長たる専門家を雇って一切を任せる、ということになっているのである。以上データは古いがアメリカ的な図書館の様子として私たちにもたいへん参考になる。

またアメリカの大学図書館は、一日の開館時間平均一五時間ほどにもなる。マサチューセッツ工科大学は、二四時間開いているというからすごい。

大学図書館で、市民に開放しているところが多い。州単位の図書館ネットワークをつくり、どの大学も加盟している。

さらにもう一つ国際比較を見てみよう。

	面積	人口	公共図書館数	一人当たり蔵書
日本（一九九五）	三七万七千平方キロ	一億二、四三二万人	二、二六四	一・八冊
デンマーク（一九九二）	四万三千平方キロ	五一七万人		六・二八冊
アメリカ（一九九二）	九八〇万九千平方キロ	二億五、五〇二万人	一五、八七〇	二・七冊
ドイツ（一九九一）	三五万六千平方キロ	七、九九八万人	一四、九九八	一・八冊

これで見ると、日本の位置が分かる。

病院でも、刑務所でも

図書館の本をいろいろ探し読んでいるうちに、私はほんとにこれまでの知識、認識が不十分であったことを知るようになった。どこにいる人にも図書館を、ということは漠然と気づいていても、意外なことを次々と知るようになる。

例えば、病院図書館である。『図書館雑誌』（二〇〇二年九月号）の書評欄に菊池佑著『病院患者図書館』（出版ニュース社）という本が紹介されている。なるほど「患者は病気を持った市民」である。病気やケガをして入院した時でも、一般書や医学書を手にすることのできる環境がほしい。入院患者も病院内に図書館、図書室があれば、よりよい精神生活を送ることができよう。従来は公共図書館でも、これに関して積極的に動いたという気配はない。この雑誌での評者石井保志氏（東京医科歯科大学附属図書館）は、こうしたサービスが日本で遅れているのは、公共図書館、医学図書館、病院経営者、ボランティア活動の四者の境界におかれた隙間の問題で、ながらく放置されていたことだと指摘されている。欧米では、この関連サービスが相当進んでいるようだ。「いつでも、どこでも、だれにでも」という公共図書館のサービスの理念を考えれば、この分野でも早急に対応が進められなければならないものと考えられてくる。

それから、以下のことは多分あなたには生涯関係のないものではあろうが、刑務所でも、読書ができるという話。ホンの参考（?）までに紹介しておきたい記事がある。

房では私本は三冊まで置いておける由、好きな本を買って読むこともできる。勉学用といえば別枠で七冊まで置ける。所側が用意して回してくれる一覧表から、雑誌や単行本を選べるというのである。

この文を書いた人（前科十五犯、獄中生活通算八年。約五百冊を獄中で読了したとのこと）は、古事記などの原典が書いてある『神典』、『軍人勅諭』、『神拝綱要』、その他国語・漢和・古語辞典など六冊を常備していたという。私本でも書き込み、線引きは禁止のため、必要と思ったらノートに書き写しておく。読書できる時間は、夕食後六時から九時までの自由時間。（桂田智司「シャバ・ムショ往来記」第三回「ムショでの読書」『ダカーポ』二〇〇三年二月十九日号所載）

そういえば思い出したが、戦前、思想犯などで刑務所に入れられたインテリは「一犯一語」とかいって、一度入るごとに外国語一つをマスターして出てきたものだ、という話もあった。独房などなら無念無想、集中できるのかもしれないが、それでも私はあまり行きたくない読書環境である。

ミニ図書館を街角にたくさんつくろう

どなたであったか、以前言った言葉に「ポストの数ほど図書館を」というのがあった。なるほどいいなあ、と私は感心した。

世間の人は、金をかけないで本が読めればいいなと思っている。それと、いい環境で本を読みたいと考えている。ブッツケに図書館へとび込んで、新聞雑誌をサラサラ読むのは楽しい。これと思う本を見つけたら、ゆったりとした座席があって、半日でも一日じゅうでも、読んでいられる快適な図書館があればいい。隣の席の人とくっつきすぎるような、学習席然としたものではなく、背もたれもゆっくりとした、そう、ほんとにくつろげるようなものでなくてはならない。もちろん、人によっては調べものに来ることもあろうから、そういう人のためには少々固めの机椅子という場もあってよい。

　小さくていいから、数をたくさん、町じゅうのあちらこちらにミニ図書館をつくろう。商店街の一軒、団地の中の空いた部屋の一つ、公園の片隅にも一つ、さしあたりポストの数と同じ程度というのがムリなら、交番の数ほどでも、と言っておこうか。それから、駅のそばというのも一つ図書館がほしい所だ。喫茶店の二階、レストランのそば、などというのも悪くない。お店の方にも好影響があるのではないか。また、図書館があれば当然トイレがある。私がいつも思うのは、街頭に公衆トイレがもっとたくさん要るのではないか、ということだ。トイレに行きたい状況の人というのは、瞬時的に社会的弱者となっている。弱い人は社会がカバーしてあげなければならない。今、たまたま公園の角にでもトイレを見つけ、ヤレヤレと駆けつけてもそれは絶望的な汚らしさ、ということもある。何も公衆トイレのために図書館を、というのではないが、これは余録談義。

　さて、ミニ図書館は、運営にも思い切った方法でいきたい。いちばん大きいワクとしての予算措置は公共図書館で行なうとして、日常の管理運営する人を、本好きなボランティアにお願いする。図書館を増やそうとかいうと、すぐ人件費が問題となり、正規職員を採用することが難しそうだからである。その際、その人の個性に委ねて図書館の個別的な性格を持たせる。この人は古本屋のおやじの感覚で、自分の好みで蔵書に個性を与える。釣りが大好きな人であれば、それ中心で、しかもアウトドア的な本がたくさんある、という図書館もおもしろい。女性作家中心の文学書が充実しています、などというのも特色になる。スリラーものをたくさんおきたい、などという人もいそうだ。

ミニ図書館の管理を行なう人は、通称としてでも「ミニ図書館長さん」の名を与えたい。よい意味で私立図書館の雰囲気をもった自由な小さい図書館があちこちにできあがれば、どんなに町は楽しくなるだろう。

なお、先日の新聞記事によると、コンビニエンスストアで、図書館の本が借りられる、ということが一部で実施されている由である。「利用できるのは（岐阜）県内のコストア、ローソンの全店とタイムリーの一部を除く店舗。営業時間ならいつでも受け取りや返却ができる。」（『朝日新聞』二〇〇三年二月二〇日）という。インターネットを用いてホームページで、希望する本を選び、店舗を指定しておくと、専用の袋で店に届けられるというが、一袋貸出時と返却時に各二一〇円の料金がかかる。

日中、図書館の利用が難しいサラリーマンなどは、これを用いれば、望む本を入手できることになるのである。

自分史図書館はいかが

今日たいへん盛んになっている自分史の話である。自分史には、期待と、そうではない声とが入り混じっているようである。わが身の半生、生涯を顧るには、これを書きあげてみるのがいちばんいい、という考えがある。書くことによって自分の成長をはかることができるという考えもある。そんなことで自分史を書くこと、つくることへの啓蒙は盛んである。自分史づくりの参考書も無数にある。たしかに自分史を書くことは生きがいにもなる。過ぎ去った自分を振り返って、書き綴っていくことは、子孫への伝承としても意味があるし、自分の記録ともなる。自分では少なくともそう思っている。

ところが、出来上がった自分史は、読まれるものなのだろうか。多くの場合、身内の人々、友人・知人などに配られるということになる。少数のものは、図書館にも寄贈される(国立国会図書館には、自費出版物であっても一部は収めなければならないという規則がある)。貰った人は、「あの人の自分史ならぜひ読んでみよう」と関心を示す。しかし、貰っても迷惑顔の人も少なくないかもしれない。それは、「おもしろくない」からである。プロの作家の小説も、素材は自分なり身内の人々のことから取っているのはたくさんある。しかし読者にはそれと気づかせないほど、作家の作品は巧みな虚構によっているのである。しかも、もともと豊富な、かつ特異な、といってもよいほどの興味深い素材を用いている。普通の人が持っていない材料を持っていることが作家になることの有利な点ともいえよう。それに引き替え、普通の人の人生は、何の変哲もない。おもしろ味のある素材でもなく、表現技術もない人の作品が、見知らぬ読者を得ることはまずないのである。

自分史では虚構などを用いることはしない。事実を書き綴ることに意味がある。虚構を交えれば、つまり文章をおもしろくしよう、作品を文学的なものにしよう、などということになれば、自分史は自分史ではなくなる。だから、「自分史文学」という言葉は本質的に矛盾を含んだ表現であると思う。初期の自分史運動家たちは、「ふだん着」から「ふだん記」などという言葉を使って、これがまったく日常生活の記録であることを訴えていた。文章もヘタでいい、飾るものではない、ただ真実を訴えよ、と言っていたと思う。それが自分史の拡大傾向の中に、文学に近づこうという思惑がいつのまにか拡がり、多少虚構を用いても、という傾向が生じたのだろう。

自分史をできるだけ読んで貰いたいと考えるなら、題材の取り上げ方や、表現面で工夫するしかない。これまでに自分史を書いて来た世代といえば、多くは、子どもの頃・若い頃に戦争を何らかの形で体験してきた人々ということになる。そこで、自分史の内容の中心は、多分、従軍時代のこと、あるいは抑留中の話、引き揚げ関係のこと、学童疎開のことなどが多くなる。これらの話は確かに、暗く、つらい厳しい時代だったという話になる。もちろんそういう中にも、ほのぼのとした青春があったとか、おかしかった話、いささか愉快でもあったということがないでもない。人間の記憶装置というものはよくしたもので、本当はつらかったはずの事実が記憶としては消え去ってしまい、懐かしさばかりが残っていることが多いようだ。だから、あの時あの場はとても苦しかったはずのことでも、今は苦しさの記憶はうすまり、懐かしさのみが生きていることさえある。戦争体験をした人の自分史は、たとえその人が六十歳、七十歳になって書かれたものであっても、あの期の数年間のことが叙述の中心になっていることがある。これらは確かに苦難の時期であって、それが他人の心をも動かすような感動の場面となっていることが多いのである。文章としてもスリリングであり、話題としても興味を引く。しかしこういう体験は、もはや戦後生まれの人にとっては、したくてもできない相談である。一般に生活環境が都会化し、進学・就職、その後の人生は変わり映えしない。材料がこうだから、書いてもおもしろくないのである。プロ作家の場合はさすがに素材から違う。虚構は用いてあろうが、我が身をけずっての、プライバシーを放り出しての叙述である。佐藤愛子の『血脈』や、石原慎太郎の『弟』、なかにし礼の『兄』などなど、身内を語ったものだけれど、これらはまことにおもしろい小説である。身内のプライバシーをも大胆にオープンにしなければならない苦痛はあるだろう。しかし、結局はこうした特異な、あるいは波乱万丈の体験を持ち、かつ人生の「華」を持った人がスターになっていく。芸能界でも文学の世界でも同じことである。こうした人が自分を書けば

「自伝」という商品になり、「小説」ともいう商品になる。しかし無名の人が書いても「自分史」に留まる。このことは誰でもが心得ていることだろう。だが、その上でなお、普通の人の自分史の意味合いを考えてみよう。

どういう状況の元にあって、彼あるいは彼女はどう考え、どう行動したか、それを意識的に見てみようと思う。太平洋戦争の時期、A氏は第一線で、弾の飛んでくる最中に何を考えていたか。特攻隊員に「志願」したB氏は、本気で自ら死に立ち向かったのか。戦争の終わった日、ガーガーいってよく聞き取れなかったラジオ放送を聞いてC氏は何を思ったたか、そういう話はたぶん誰もの興味を引く。戦争体験が、その人の人生をどう形づくったのか、などはやはり自分史の描き出してきた領分として意味があると思う。社会学の分野にライフヒストリーという研究方法があると聞く。多くの人々の人生を聞き取り調査し、人生の背景にあった「時代」の出来事の影響などを析出したりするもののようだ。研究者がはっきりした意図をもって対象の人物から体系的に聞き取るのである。しかし、自分史はそうではなく、本人が自分の人生の書きたい部分を書きたいように書く。したがって学問的に客観的な材料にはならないかもしれないが、たくさんの自分史を読めば、この学問研究の資料にもなるかもしれない。

しかし、私たちの自分史はもとよりそういう資料にしてくれと書いているのではないだろう。やはり自分の記録ともして、またはもっと身近な人々あるいは子孫のために伝え残すべく、と思って書いているのだろう。

「自費出版あるいは自分史専門の図書館は全国に十五以上ある」と自費出版ライブラリーの伊藤晋氏は言っている（「自費出版書は文化財」『図書館雑誌』二〇〇二年十一月号所載）。今でもこれくらいのものはあるのだ。しかし、それらは小規模なものである。

伊藤氏によれば、「自費出版ライブラリーの蔵書を分類すると、文芸（小説、随筆、句歌詩集など）が四一・二％、個人体験（戦争体験、自分史、旅行記、闘病記など）が二三・五％、そのほか歴史、美術、研究、教育、趣味などがそれぞれ五〜七％」というほどだそうである（同上）。そしてさらなる区分、「戦争体験は戦地別、自分史や追悼集は職業別、旅行記は大陸別、句歌詩集は結社別」としている由である（同上）。

こういう活動がある一方では、積極的な収集をするかどうか、戸惑っている公立図書館があるようだ。私は、地域関連の自分史はむしろ積極的に収集されるのがいいと思う。この地域に、こういう生き方をして来た人がいた、ということが郷土史的な意味ももつと思われるからである。この上、できることなら、体系的に自分史を集める図書館があれば、それは昭和から平成の時代を庶民の側からみつめる、貴重な現代史の一端を担う資料となるだろうと思うのである。

「朝の読書」をヒントに強烈な読書推進運動

今、学校で大きな話題となっているそうだが、「朝の読書」の話である。小学校・中学校・高等学校などで、毎朝始業前の十分間、生徒と先生がいっしょになって、自分の読みたい本を黙読する運動、これだけのことだ。今の学校では本を読まない子、本を読めない子がたくさんいる。これに危機感を抱いた千葉県船橋学園女子高校（現・東葉高校）の林公（ひろし）教諭が一九八八年に全校一斉の朝の読書を始めた。これは読書生活と、それ以上に生徒たちにすばらしい好影響をおよぼしたというのである。結果は、本を読めない子が読めるようになった、遅刻が減り授業にスムーズに入れる、集中力がつき言語能力が伸びる、など顕著な進歩例が見られたというのである。やることは、林先生の表現によると、「①みんなでやる　②毎日やる　③好きな本でよい　④ただ読むだけ」（林公『朝の読書』メディアパル、一九九七）ということである。その後、この運動は全国的に広がり、この本の刊行時点で百五十校ほどが行なっている。その後の動向ということで、『朝の読書46校の奇跡』（メディアパル、二〇〇一）を読むと、この「朝の読書実践校は約八千校に達した」という。そして、紀田順一郎氏はこれを「近年最も成功した教育運動といってよい」と感嘆している。この報告本によれば、ある小学校の声「いじめが姿を消した。挨拶が弾んできた。何もかも明るく楽しくなった。」と。ある中学校の声「子どもたちと書物との距離が確実に近づきつつある」と。ある高校の声「朝、シーンとした時間を皆で共有することで、一日が落ち着いた雰囲気で始まり、さらに読書を通して新たな人間関係が生まれ、家族でも読書について話すようになった」と。こんなすごい効果を生じた運動であったのだ。これ以上の話をここでいうことはない。このように、少しずつでも読書を続ければ、読書力はつき、生活面でも大変革が期待できるということである。

さらに新しいデータによると、この実施校は二〇〇二年十二月四日現在に一万一千校になったという。人数では約四〇〇〇万人がこの「朝の読書」を実施しているという（『出版ニュース』二〇〇二年十二月下旬号）。

さて、図書館の側はこれを参考に、何か考えられないだろうか。学校の場合と趣旨も状況も違うから、図書館も利用者の皆さんがすばらしい読書力をつけてくれれば、と期待するが、にわかに手頃な方法も思いつかない。しかし、そこで私の一案。それは全国民を対象に、一網打尽に皆を読書人に仕立てあげようという一策である。テレビで週一回ぐらい（ほんとは毎日でなければならないのだが）十分間、名作文学作品などを美しい声の読み手が聞かせる。次の十分間は静かなバックグランドミュージック風のものを流して、この十分間、皆さんお好きな本をお読み下さい、とやるのである。ここで商業的な理屈に走って、テレビと読書はライバルだ、なんて言ってしまうとこれは実もフタもない話になってしまうが、テレビ側もそんなことは気にしないで読書にも協力したらいい。この試み、視聴率一パーセントだったとしても一挙百万人の単位で読書人を増加させることができる。図書館界が興味を持つか、出版界が関心を持つか、あるいは本当は文部科学省あたりが力をいれてくれるのが、一番いいように思う。

レファレンスの限界を超えて

この章は、すこし将来の夢を語るような話を書き続けるようになってしまった。そのついでにさらに、口から出まかせになるかもしれないが、思うことを述べてみたい。私はかねて、図書館のレファレンス業務というものが、本に書いてあることを頼りに、それを示して利用者に回答を与える、という原則に少々違和感を持っていたのだ。ある質問があった時、それには自分の知識で知っていることであってもそれで答えることはせず、どれどれの本にかくかく記事が載っているからと根拠を示すという方法をとる、それは自分の記憶は正確とは限らないから、ということで資料にもとづいて答えなければならないというのだろう。これは常識的な判断ではあるが、一方の常識からすると、そういうことでいいのかなあと考えてしまう。

だいいち、本に書かれていることは正しいか。特に、古くなった文献は内容の記載も不適当になっているかもしれない。また学説だっていろいろある。だから資料の提示も複数で、ということかもしれないが、二冊の文献が共に正確でないかもしれないじゃないか、ともなる。図書館の人は本しか信じないのかなあ、と私は思っていた。図書館のレファレンスは本による、という原則が、それでいいのかという疑念を私は今でも持っている。ところが、はたして図書館職員の書いた次のような記事を見つけたのである。

レファレンスは、図書館の職員のみが行うのではない。インターネットの世界で結ばれた全世界の市民が、相互に問題を提起し、議論し、解決を図る。サイバースペースに、誕生しつつあるグローバルライブラリーの姿が私には見える。コミュニティーを基盤とする図書館も、本質的にはこのグローバルライブラリーの分館なのである。このディジタルライブラリーは（中略）図書館という名称にもこだわる必要もないだろう。（中村順「二〇〇一年図書館の危機」『みんなの図書館』二〇〇一年七月号所載）

この話で私の疑念はスッキリする。質問を受けたら、ディジタルな解決をまず考え、その手法に進む。世界にはもっとくわしくその質問に答えられる人がいるかもしれない。いや、きっと存在するだろう。司書は、そういう人を瞬時に見つけて、この人のアドバイスを受けることが出来るように手配すべきなのだ。こうなると、話は違うといわれるかもしれない。いやすぐに、それは現在のレファレンスの域を超えている、図書館でなくて他でやるべきことだ、ということになりそうだ。だから、この論文の筆者もそうなれば「図書館という名称にこだわる必要もないだろう」とシッカリ述べている。

図書館ではレファレンスの問題は大きい。これからの大テーマではないか、と外部の人間ながら、そう思ってしまう。

もう一度図書館の入口から

第一章で図書館に入ってから、ずいぶんたってしまった。図書館にもすこし慣れすぎてしまったかもしれない。いかん、もう一度初心に返って、図書館に通い始めていた頃の気持になって図書館の様子を見てみよう。

（二）図書館通いを始めて間もない頃、私は図書館で働いている館員たちを見て、目を見張った。それは女子職員のエプロン姿である。この頃の図書館に勤めている人たちは皆善良かつ勤勉な人たちばかりである。窓口でも丁寧に対応してくれる。本を返しに行けば「ご苦労様です」とか「ありがとうございました」と言ってくれる。それは嬉しいのだが、日本中の図書館どこへ行ってもあのエプロン姿はどういうものだろうか。医師や看護師と同じように、図書館員のシンボルとして考えられているのだろうか。確かに本を抱えて整理するには、服を汚さないという意味で実用性がある。しかし、この頃は台車も使ったりしているのだから、本を抱えて服の前を汚すことはあまりないのではなかろうか。容姿端麗な女子職員も、画一的なエプロンですこし減点されてしまっているのが残念かつ気の毒である。ところが、ある図書館では一人だけいつもこれをお召しになっていない人がおり、やはりこの人の形の方が優美に見える。そんなことを期待して行っているのかと笑われそうだが、すべて機能性優先でもあるまい。今、百貨店やスーパーで、店員は作業服を着て客に対応しているか。やはり客商売のところでは、係員の姿を少しでもきれいに見せようとユニフォームにも気を配っているのではないか。言いたいのは、図書館も「客」商売と考えてほしいということである。

(二) 私がオソロシかったのは、ある図書館の本棚に懸かっている注意書きである。「本は読み終わったら、かならず元の位置に戻して下さい」とある。このことは館員から見れば何でもないことかもしれないが、利用者にはたいへん難しいことなのである。一冊の本だけでも、たくさん並んでいる書棚から取り出して何時間か読み、後で戻そうとすれば、元の書棚の位置を記憶しているのは難しい。それが、あちこちの書棚から何冊も取り出して閲覧室に行っての後となれば、「かならず元の位置に」戻すのには探し歩くのにずいぶんの時間を要する。それを考えると、神経質な人間にとっては、おちおち本も読めなくなってくる。記号番号が本についているじゃないか、と言っても、これも利用者にとっては分かりにくいものだ。そしてその本の記号も館内画一的には付いていない。三桁、四桁数字ばかりではなく、「文学」で小説などは著者の頭文字のカタカナ、郷土資料はK文字が頭につき、児童図書は別記号だ。

数冊も書棚から出して使った人は、返す時に場所が分からず、立ち往生する。そして結局いい加減な所に放り込む。これに反して、他のある図書館では、書棚からいったん取り出した本は利用者が自分で戻すことを禁じている。「返却棚」が用意されてあり、書棚から取り出した本は元の書棚に返さず、「かならず返却棚に置いて下さい」となるのである。これは実にありがたい。後のことを考えずに落着いて本が読める。館側からすれば、デタラメのところに置かれているのを探して入れ直すより、最初から正しい所に置く方が楽だと思うが。本の探索は、本が正しく書架に置かれていてこそ可能なのである。

(三) 図書館でまたウンザリさせられるのは、自習者の問題である。学校の試験の時期や夏冬の休暇の頃、どこの図書館も教科書・参考書などを抱えた生徒諸君の群があらゆる机にはびこるのである。これは全国どこの図書館でもしかり、それどころか図書館類似施設にも着実に浸透している。確かに自宅よりはこういう場所の方が勉強に集中できるし、冷暖房設備的にも快適だ。家にはまともな勉強場所もないのだ、という声も聞こえそうだ。それは気の毒と思わないでもないが、しかし、図書館の趣旨や役割からすればこれは困るのである。一般の閲覧者がいるのだ。

もちろんこの問題に一番困っているのは図書館側だろう。そこで最初からこういう人々に降参して、部屋を分けて自習室を用意しているところもある。そして少なくとも他の部屋を「社会人専用」として自習者が入り込まぬよう、配慮はしている。しかしそんな程度のことにめげる生徒たちではない。その「社会人専用室」はおろか、ちょっと教科書を開くには恥ずかしいような「参考室」から何から、とにかく本とノートを広げて置ける机のあらゆる所にはびこってしまい、一般利用者を嘆かせている。勇気ある社会人は、「ここは自習室じゃないから、他に行きなさい」と言ってこれを排除してもいいと思うのだが、そういう例は見たことがない。図書館の人が注意しているのも見たことはない。

図書館関係の本を見ても、これはいつも問題にはなっている。しかしポリシーの決め手がないようだ。元々図書館は貸し出しとレファレンスを中心に考えるべきものとして、閲覧室は不要という意見もあるらしく、これに従えば、かかる生徒の自習室などは初めから無用のこととなる。しかしこれら自習者たちに寛大な意見もあり、公的な立場から生徒たちの勉強室をも用意することは必要という館もあるらしい。

私は一般の利用者として、図書館は本をおくことと、本を読む場所を提供してくれなければ困る、という考えだ。ゆったり読書できる椅子だけの部屋と、調べごとのできる机椅子の場所とが欲しい。こう言っただけでは、自習室の問題は解消できないのだが。

（四）もう、これには私は慣れてしまったし、ここの図書館だけのことだから言わないでおこうかと思ったのだが、やはり高齢者は行くたびにぼやいている。それを聞くと、やはりまた問題にしなければならないと思う。それはN市中央図書館の入口がひどい坂の上にあるということである。館は三階建てだが利用者入口は二階にあるので、人々はおよそ七十メートルほど急坂を息を切らして上って来なければならない。坂地を利用して建てられたからなのだろうが、館員通用口と事務室は一階なので、不愉快にもなる。現在のような高齢者社会になると、まことに不都合なことといわざるを得ない。「高齢者や体の弱い人は、この図書館には来ないで下さい」と静かに話し掛けられているような気がするのである。

一方、N市はその後、新しく、カッコイイ図書館を作った。自然を背景にして中も外もすこぶる美しく、読書には快適なもので好感が持てるものである。ところが場所がいけない。最寄りの駅といっても二キロはあるだろう。バスの便もない。この図書館は皆にこう語りかけている。「どうだい。自動車を持っていない人や運転のできない人、アッシー（車の運転をしてくれる優しい友人）も持たない人などは、この図書館には来たくても来れないだろう。イッヒッヒ」

（五）利用者にとってシラケルのは、図書館の休日である。なぜか、しょっちゅう休館があるように思ってしまう。それも毎週月曜の休館一日ならあきらめもつくが、月末の一日と、二週間ほども続く図書整理とやらの長期休館が参ってしまう。年末年始もそうだ。館側にとってみれば、本の整理のためには閲覧者をシャッタウトして、書籍を全部調べなければならない、ということなのだろうが、何とかもっと休館日を縮めてもらえないだろうか。そして開館時間は、もっと長く、ということである。ついでに言えば、不愉快なのは分館の終了時間が午後四時五十分ということだ。職員はそれで五時に帰ることになる、というのかもしれないが、利用時間が五時まで、というのが普通に考えられるものではないか。要するに、図書館は館員のためにあるのではなく、利用者のためにあるというのが徹底していないからこういう半端な利用時間設定になるのが、情ないのである。他では、あるいは外国では二十四時間開業している所もあるという。休日も少ない所があるらしい。普通の公立の図書館がコンビニのように二十四時間開けていてほしいとまでは言わないが、基本的にもっと「利用者のことをできるだけ考えて下さい。」

ありえない話だが、大機構改革を

絶対ありえない話ではあるが、一度書いておきたいことがある。それは今、行政の下部にあって、情ない状況にあるいくつもの図書館の状況を一挙に解決する方法である。

それはまず県・市などの行政区分を最初から図書館区分で行なうのである。C県というのは「C県図書館」とする。N市は「N市図書館」である。「N市図書館」の下部機構は①副館長、②学校教育局、③社会教育局、④その他一般行政関係局　と四つに分ける。そこから下部機構を展開する。今までだと、この④が市行政の全体であったわけで、②と③は小さいもの、①「図書館」はさらに③の下部に息を潜めていたはずだ。ところがこの案だと、道路行政も衛生行政も皆図書館長の差配下におかれるのだから、市内のヘンな場所に図書館を建てるなどはあり得ない。N市のすべてはN市図書館長の意思の下にある。

現在社会教育機関と学校とは、適切に連動しているようにも思えない。図書館と博物館と公民館あたりでさえ、うまく提携して活用されているとは思えないのである。図書館が音頭をとって社会教育の側をまとめ、それから学校教育ともつなげていく、こんなところがまず現実的な動きではあろう。

図書館長になりたい

私は図書館長になりたい、と思っている。私は今、一介の図書館の利用者であるにすぎないが、かなりの頻度でいろいろな館を使わせてもらっており、いわば図書館利用のベテランなのである。これは、図書館長としての要件の一つをしっかり適えているのではないだろうか。利用者の気持が分かるということが、館長の必須要件の第一だろうと思うからである。

第二に、私は本が好きだ。小さい時から本を読むのが好きで、親がしょっちゅう外出をすすめ、どこどこへ連れて行ってやろうと言った時でも、本を買って帰ってきてくれればそれでいいと言って外出も好まなかった。学生時代も就職してからも読書は好きだった。本をできるだけ買い、たくさん読んだ。親からの仕送り・奨学金・アルバイトなどで資金をつくり、古本も買い続けた。初版本、著者の署名入り本、有名人の使い慣れた手沢本などをも買い求めた。少しヘンな趣味といわれるかもしれないが、いわくつきの本をも買い集めた。例えば新刊本が発行され、その後に内容の盗用などが発覚して回収され、絶版本となる。あるいは大誤植が見つかり、出版社は青い顔をして「お取替えします」などというのだが、とんでもない。めずらしいミスのままの本を持っていたい、というほどのマニアぶりである。これらは実に本そのものを愛する気持からであり、本をただの道具だと機能的に考える以上の本好き人間であることの証左である。

第三に、私は人とのつき合いも割合い好み、人に本を薦めたり、本について話すことも好む。これもいいことであろう。啓蒙的に文章を書くことも嫌いではない。

以上のような資質を持ち、動機があり、やる気があるのだから、図書館長をやらせてもらってもバチは当たるまい。通勤時間が多少長くても苦にしない。乗り物はすきである。さあ、こんな私を雇わない手はあるまいが。

別章　ヒマがあり余って仕様がない時

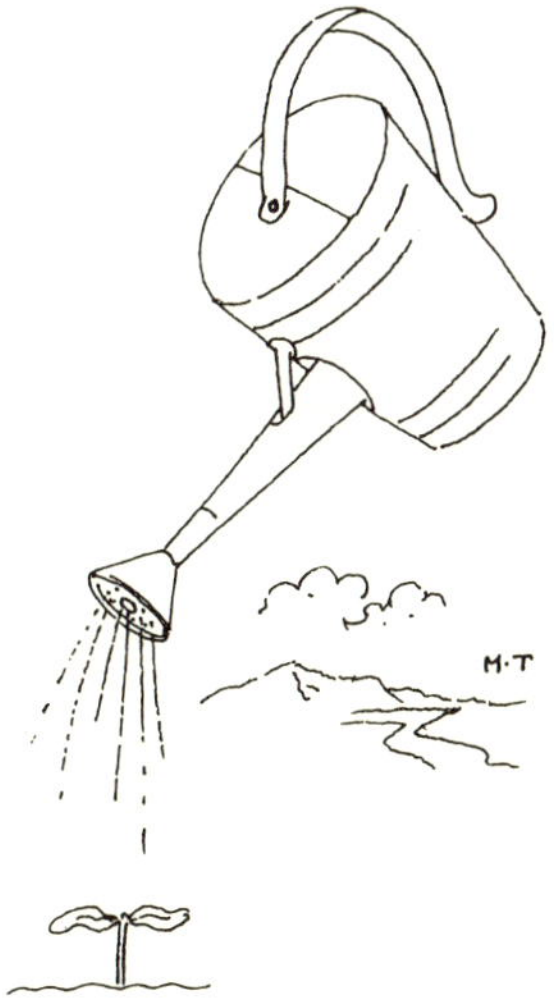

暇田――やあ、Ｏ先輩、おひさしぶりです。きょうはおひまですか。
Ｏ――オヤ、誰かと思ったら暇田クンか。私の方はひまで仕様がないというほどではないが、まあいいよ、上がりなさい。元気そうじゃないか。
暇田――実はボク、とうとう定年になりました。
Ｏ――エッ、きみがもう定年なの。早いものだねえ。きみはまだだいぶん先かと思っていたが。他人のことは早く感じるねえ。
暇田――そうですね。私自身でも早いものだと思いますからね。もう、前月からどこにも行ってないんです。まあ職業安定所だけですね、これから定期的にちょっと行く所といえば。
Ｏ――雇用保険があるからね、当分。いいなあ。しばらくはのんびり遊んだらいいじゃないの。海外旅行の計画は？
暇田――皆さんにそういわれます。一度くらいは行ってみようと思いますがね。ところが、問題はその後のことですね。ボクったら、まったくサラリーマン時代から無芸大食でやってきたものですから、この後どうすればいいのか、まったく何もすることがないんです。先輩は定年後もいろいろやって来られたようなんで、何をすればいいのか、ちょっとご指導を頂こうかと思ってやってきたのです。

O——在職中はおたがい、ひまがほしかったものだがねえ。忙しくてたまらなかったからなあ。それが定年になった途端、ひまでしょうがないとは。

暇田——まったくです。まあ、ボクはわりかし本を読むことなんか好きですから、本でも読んでいようかと、ここ一、二週間、家の中で本を読んでいてみたんですが、これがタイクツなもんですねえ。何時間もは読み続けることもできません。前買っておいてあったものを手当たり次第に読んでいるんですが、結局読んだシリから忘れていく始末。忘れるために読んでいるようなもので。

O——それは気の毒だねえ。実は私もそういう人もあろうかと思って、このごろ、ありあまるヒマをどうすればよいかの秘伝をまとめつつあったのだ。

暇田——エッ、それはいいですね。それをご伝授下さい。

O——外へ出れば金が掛かるに決まっている。映画、喫茶店、ギャンブル、……とにかく外出すれば消費ばっかりだ。これからは収入がないのだから、家庭経済はきびしくやらなければならない。お金を使わないことが肝心だよ。そうすると、最適な方法とは図書館に通うに限る。ところが図書館に漫然と行ってみても、すぐあきる。そこで私はそうならないように、これから五つの話をきみにしてあげたいと思っているのだよ。

暇田 —— ありがたい。ぜひ聞かせて下さい。

O —— そのコツは、長続きするテーマを抱えることだ。テーマなしではそれこそ忘れるための読書になってしまう。自分の側に、読むべき意味がないとね。それで、テーマの例を挙げる。まず、①時事問題を追いかけることだ。②二つ目が予想屋を始めること。③三つ目に郷土史を調べて書く。④四つ目に小説をしっかり読む、⑤五つ目に知らない外国語の自習書を自分でつくってみること。……私は、ヒマで仕様がない人の特効薬にこれだけの方法を考えたのだ。これから一つづつ話してあげようと思うのだよ。これのどれかを、あるいはこのいくつかを併用してでも実行してくれれば、まあ何年図書館に通おうが、たいくつということはあるまい。そして最後には、できればその成果を集約するために自分の本にまとめるといいね。

時事問題を追っかける

暇田――時事問題って、毎日のニュースのことでしょうか。

O――そうだよ。世の中には毎日事件が起きる。大小様々な事件がおきるわけだが、新聞やテレビは時々刻々そのニュースを追いかけるね。しかし、新聞・テレビなどのニュース屋さんは忘れっぽいものだ。あるいは世間が、というべきか。ニュース価値がなくなると、もう後はほとんど何も報道しなくなる。しかし大事な問題は、いつも人々が関心を失なってはならないものだ。そういうわけで、ニュースが追わなくなった後も自分で関心を強くもった事件は後々までフォロウしてみると、意外におもしろいものだと思うのだよ。

暇田――なるほど、それはありますねえ。

O――まあ、時事問題といっても起点をどこまで遡るかキリがないが、今ちょうど区切りのよいのは二十一世紀の始まりだね。二〇〇一年初からの出来事を、当面の「現代」と考え、追いかけ始めたらどうだろうかね。まず、二〇〇一年にはアメリカ、ニューヨークの「九・一一」という大事件があった。世界貿易センタービルのツインタワー南北二棟にテロ機が自爆して、数千人が亡くなった。この同時多発テロは、その後の世界史に大きな影響を与えたといっていいだろう。この時の新聞を今見ると、スリリングな記憶がよみがえってくるねえ。

暇田――そうでした。すごいショックでした。

O――ちょうどその記事が出ている九月十二日の夕刊に、いっしょに日経平均株価一万円割れ、と大きく出ている。その後はまだドンドン下がったが、その時は一万円割れで大騒ぎだった。とにかく、ニュースは後で見るとかなり感じが違うのだよ。

暇田――それから、米英がアフガニスタンを空爆し始めましたね。あれが何月だったかな。

O――そう、そういう記憶はすぐに分からなくなる。それは十月九日の新聞に出ているよ。空爆しながら、テロの首謀者ビンラディン探しが始まったね。ビンラディンのことは少々あいまいなままに流れてしまった。その後二〇〇三年三月のイラク進攻だ。これも見ている段階と少し後になって見るのとでは、見方も違うかもしれない。まあ、何ごとも事件はその場で見るのと後とは違う。要は、そのまま忘れ去ってしまうのでなく、後々まで見続けていかなければ事件の本質は分からない、ということだね。

暇田——そうですねえ。その時はものすごい事件だと感じたのに、時間がたつと、また次の事件に付き合って、前の大事なことは忘れてしまいますからね。

O——さあ、話はそういうことに始まる。だから、君も事件が起こったら、それを追いかけるのだ。必ず記録に取る。新聞切抜きも大事だ。どういう論客が何を言っているか、それを見ておき、後、またその人がいうことが変っていないか、それもおもしろいよ。ノートの作り方が大事だが、切り抜きと整理の方法を自分のやりやすい方法で考えてみて、毎日追って行く、これをちょっと考えてみてご覧。

暇田——これは確かに毎日やれる仕事になりそうです。

予想屋をやる

O——事件を追うについては、これがどういう推移をたどることになるかは、やはり予想をしていくのがおもしろいのだが、それとは別に私は予想そのものをテーマにしたい。

暇田――予想屋って、先輩はいつから競輪競馬にはまったのですか。

O――そうじゃない、もっとマジメ話だよ。予想というといい加減な話と聞こえるかもしれんが、正確な予想を立てるためには、慎重な計画性、丁寧な資料収集、その上に鋭いカンが必要だ。それを系統的にやってみるのさ。これは興味深いことだ。例えば有名な予想ゴッコがあるね。ゴッコというと、怒られるかもしれないが、毎年一月、日本記者クラブが新しい年を占う予想アンケートを出しているのを知らないかな。

暇田――知っていますよ。あれは案外当たらないものですねえ。私もちょっとやってみたことがあります。

O――それだよ。「二〇〇二年予想アンケート」を見てみようか。新聞で見たのを控えておいたのだが、こんな問題だった。この前日にクラブ会員による投票が行なわれたというね（二〇〇二年一月一七日毎日新聞「余録」欄）。

①十二月三十一日現在、わが国の首相は誰か

②年内にわが国で解散・総選挙があるか

③十二月三十一日現在、わが国の外相は田中真紀子であるか
④日経平均株価が終値で一万五〇〇〇円台を回復することがあるか
⑤総務省が年内に発表する完全失業率が七％を超えることがあるか
⑥米国がイラクを軍事攻撃することがあるか
⑦十二月の韓国大統領選挙で野党の候補が当選するか
⑧クローン人間誕生のニュース発表があるか
⑨日本人が三年連続でノーベル賞を受賞するか
⑩日韓共催のサッカーW杯で、日本チームは決勝トーナメントに出るか

暇田――ハハア、やさしいようで、難しそうですねえ。ちょっと調べてみると、小泉内閣が発足したのが二〇〇一年四月二十六日、田中外相はずいぶん大騒ぎをひきおこしましたが、結局〇二年八月九日、突然解任されました。たしかにこの年初にはどうしたものか、世論も大騒ぎで、やめるかやめないか、大問題でした。ノーベル賞なんか、日本は二年連続で皆、関心を持っていたけれど、三年はどうか自信のない話でしたが、それが実際はこの〇二年十月、三年連続でそれも小柴・田中両氏のダブル受賞でしたからね

え。日経平均株価なんか、幾らだったのかなあ。そういえば、米英のイラク攻撃は、二〇〇三年のものとなりましたねえ。

O —— こういう「予測」を常に追いかけるのはどうか、というお勧めなのだよ。これはね、時間のスパンをどう考えるか、ということがある。実は十九世紀末かに、二十世紀末を予測したような本が以前に出たように思う。東京・大阪間を何時間で行けるようになっているか、とか世界一周は何日で、というのがあったね。これは百年間を対象にした予想で、大変難しいようだが、意外に当たっているものがあったそうだ。それほどの年月では案外ヤマカンがいいのかもしれない。しかしあまり長いと自分では自分の予想の結果が見届けられない。だから、ほどよい期間の予想を自分でたてて、チェックしてみるのだ。この頃のようにテンポの早い世の中では数年ほどでいいくらいかもしれないね。

暇田 —— さっきのお話の新聞社がやったという「一年間の予想」でも、とりあえず研究の対象になりそうですね。その年の問題を見つけたら、自分でも考えてみて答を一度書いておいてみるといいですね。

O――そうそう、それに参加してみてもいい。それ以外に株価とか経済動向は数字できちんと出るから、自己チェックは簡単で、分かりやすい。それに比べれば政治動向、文化現象は、もうすこし長い予測期間がふさわしいかもね。

暇田――こういう予想というのはどうでしょうか。私は文学好きで、芥川賞や直木賞などの授賞って関心があるのですけど、そんな賞を取った人や、その他の新人賞を取った人たちがその後順調に伸びていくものかどうか、とフォロウするというのは。

O――それはすごくいいよ、予想のテーマとしては。「異色の新人」とか「驚異のデビュー」なんて騒がれても、その後サッパリという人もあるからね。売り出す側が過度に色づけすることもあるのだろうな。だから、芥川賞授賞が発表になったら、その受賞作などを読んでその後の行く先を予想し、点数表示か何かで書いておく。これは数年、あるいはもっと長くも見ていかなければならないが、君の文学鑑賞眼のチェックにもなる。

暇田――そうか、そういうのも立派な予想ですね。

O――堺屋太一という経済に強い作家がいるね。この人は予想小説とでもいうべき『油断！』でデビューしたともいえる。これは昭和四十八年、書き上げてすぐに本物のオイルショックがおきたというが、もう一つ『ひび割れた虹』というのもある。氏は経済官僚であった人だから、特にそういうことは専門に近かったのだろうね。しかもこの時は、プロジェクトを組んで勉強会をやり、石油問題や国際政治、経済を研究した。そういう成果を織り込んでの経済小説で、結果的に予測もすばらしかったからその後も評価されているね。堺屋氏のその後は『平成三十年』というのもある。こういう予測が実は私の理想的な勉強成果ということになるのだが、そう誰もがこんなうまい作業はできない。参考にしながら、君も予想話を作り上げてみたらどうかな。そうだ、この堺屋氏は、二〇〇三年四月のイラク進攻で「とにかく大規模な戦争は終った。そしてこれが『最後の近代戦争』となりそうである。」（「戦争は終った、何が始まるのか」『週刊朝日』二〇〇三・四・二五号所載）と言っている。これなどは、フォロウの対象になる考え方といえるのじゃないか。

郷土史を調べて書く

暇田――三つ目は郷土の歴史を、とかいうのでしたね。

O――郷土は誰にでもある。どこであるかが違うけれど。

暇田――しかし、いきなり郷土の歴史を、といわれてもどこから取り付くことになるのでしょうか。

O――うん、これはね、本当の郷土といえばそれぞれの本籍地ということになろうが、今はそこで長い間住んでいる人は少ないだろうね。長男の人でも田舎を出て、学校を出て都会で就職してそこで何十年もいると、遂に現住所に本籍を移してしまう人が多くなった。まあその中でサラリーマンは転勤を繰り返して所在定まらずという人もあろうが、定年にでもなって元の田舎へ帰るか、あらためて今までにいくつか住んで一番よかったと思われる所を「終(つい)の住処(すみか)」とする。そこが新しい意味の郷土と考える人もこのごろは多いのじゃないかな。

暇田――そうです、まさに私もそうです。九州は鹿児島の田舎から笈を負ってやってきた、それから四十年、今はすっかり東京の人ですから。もっとも東京といってもずいぶんはずれだけれど。

O——私もそうだよ。東京に来た時は社宅にしばらくおらせてもらったが、いずれそれはおられなくなる。それでは、と早めに千葉県に土地を手当てして家を作り、住み始めてもう二十何年だ。今ではこの町の「郷土研究」にも首を突っ込んでいるよ。もうなじみの人も結構できたしね。

暇田——愛着が出てきたところで、郷土史を、ということですね。

O——そう。私がここの郷土史をやるとすればね、まず千葉県の概要の歴史を調べる。これはさほど難しくはない。千葉県は貝塚などもいっぱいある。大昔は海岸付近を中心に全国最高の人口稠密地帯だったといわれているよ。ところが流山市という一つのエリアになると、だんだんおもしろくなる。第一、通史のしっかりしたものがない。地方の小都市は皆合併で最近、まあ二、三十年前程度にできた所が多いわけだから、市史などはまだどこも編纂過程にあるというのがほとんどだろう。でも、とにかく縄文時代、弥生時代などはどうだったんだろうと考えて、古い話を調べる。あまり古い話はどうも、という人は、それならそこのところはすっとばして、幕末から明治期辺りから見てもいい。日本の近代の幕開けで、これは地方でもおもしろいのだね。

暇田 ―― そうだ、流山だったら近藤勇の話でしょう。以前もOさんがおもしろがって言ってたじゃありませんか。大久保大和という変名で、とうとう流山で捕縛されたというヤツでしょう。

O ―― えらい！　他所のことの話をよく覚えていたなあ。そう、新撰組は慶応四年四月、江戸から松戸方向に向かってやって来て、流山に集結した。しかし、官軍に刃向かう力なく、かくなる上は流山の市民にこれ以上迷惑をかけることはできぬと、ついに自ら名乗り出て捕縛され、ほどなく板橋の刑場で露と消えた。この時、この地のどの家に入ってどういう動きをしたかということは、百数十年たった今になって旧家から古文書が出て来て、それで実証的な研究がようやく進みかけているなんてことになるのだ。それでね、地元の年寄りが若い頃じいさんに聞いた話で、そこの道を新撰組の連中がササササッと走って行ったという話も聞いたことがある、というんだ。

暇田 ―― すごいですねえ。そんなに具体的な話も聞けるんだったら、郷土史をやるのはおもしろいかも。

O――地域の特殊性を追うのがいいね。慶応四年に明治と改元されたということでも、日本中が一気にそうなったというわけではないのだよ。いわゆる「私年号」が使われた地域もある。孝明天皇の崩御は慶応二年十二月二十五日だ。その十四日後の慶応三年正月九日に明治天皇践祚、それから一年九カ月後に即位礼、そしてその十日後に年号が「明治」とされた。慶応四年九月八日だ。今は予め準備しているからね、昭和天皇崩御の後はすぐ「平成」と定められたね。ところで問題は慶応四年の頃のこと、流山・松戸辺りでは「延寿」という年号を使う人があった。その年一年ほどのうちに、これが使われた書簡も数通発見されているのだよ。こういうローカルな話もおもしろいね。

暇田――へえ、そんなことがあったんですか。そういえば、そちらに運河があったということでしたね。

O――あるある。利根川（柏市船戸）から江戸川（流山市深井新田）へ八・五キロの運河が通っているんだ。今はちょろちょろ流れる小川でしかないけれど。柏から出ている東武鉄道野田線には「運河」という駅もあるよ。そこで降りてみてご覧。「運河タクシー」とか「運河何とか」という会社名やお店の名がいろいろあってビックリする。明治時代には、これをほとんど人力で掘削したのだ。それを指導したのがお雇外国人のムルデル。この利根運河が完成したのは明治二十三年だった。江戸・東京への舟運はものすごく盛んでお役に立ったものだが、昭和十六年の台風で機能を失った。もう鉄道も着いて、次第にここの運河も意味がなくなったからね。今はこの地域は桜の名所だが、歴史的な場所だ。その後といえば、明治二十七年常磐線の認可が下りたが、市民は汽車なんて嫌だ、おっかない、と反対して流山は線路が通らないことになってしまった。そんなバカバカしい時代があったが、今度は最新鉄道の「つくばエクスプレス」の通過（平成十七年秋予定）を大歓迎する時代になった。交通の問題が産業の問題としてもなかなか意義があるよ。

暇田――いろいろありますねえ。

O――俳人小林一茶も、私の家の近くになるが、昔の吟遊の拠点というべき地として秋元さんというスポンサーがいたんだ。今はその家が一茶記念館になっている。……とまあ話はいろいろあるが、こういうことを足で歩いて確かめ、文献を図書館で探してまとめていく。できれば、地域の郷土研究誌に投稿してみるのもいい。さらに、市の通史を書いてみたらいいと思うがね。

暇田——どこの地域だって、きっと様々なことがあるんですよね。

小説を読む

O——さあ、次はいよいよ君の好きな、小説をドンドン読もうという話だ。

暇田——これが私も一番いいと思っていたのですが、やたら滅多に手当たり次第、と言っても小説はたくさんありますしねえ。

O——そこにも体系だよ、暇田君。自分の好きなある作家を見つけたら、一応その人の作品は全部読んでみる。それからその人に関する作家論を探す。また作家自身の自伝や自作について語るといったエッセイでもあったら、それも読む。要は、作品がどうしてできあがったかをも調べてみると、もとの作品を読むにも興味が倍加するね。

暇田——なるほど。私はそういうことをしたことがなかったなあ。何でも読みっぱなしでしたね。

O――あるいはジャンルを決めて読んでみるというのもどうだろう。ＳＦ小説の好きな人はそれを読み継いでいく。時代小説、歴史小説、と皆そうやっているのではないかな。

暇田――私は推理小説が好きです。

O――ああ、それもいいね。しかし、またあきるかもしれない。そこで、自分の好みとは別に、時のベストセラーを追ってみるというのも悪くないね。いつも「ベストセラー」といわれるものがあるだろう。そういうものを追っかけるのを軽蔑する言い方もあるが、なぜその本を皆読みたがるのだろう、という意味で読んでみるのも一法だ。子供ものの「ハリーポッター」でもなぜ子供はあんなにあれを読むのか、子供を理解する意義もあるかもね。それから、本、小説を読む時もわれわれはノートをとって読もう。筋書きを作ってみる。大きな小説の場合は、登場人物の相関図を書いてみる。そして感想も書いておけばベストだ。まあ、面倒だといわれるに決まっているが。しかし、長々と小説をたくさん読もうとしているわれわれは、少なくとも何時この本を読んだかという日付、著者や題名や本の発行所ぐらいは記録しておかなくちゃ。

暇田――そうか、たいへんだけれど、ノートにドンドン実績がたまったら嬉しいかも知れませんね。年間何十冊も読んだ本を記録しておいたら、いいな、これは。

O――それから自分のノートに自分の書くことだけではつまらんと思ったら、他人の批評文を見つけて、新聞なら切り抜き、あるいはコピーをとってノートに張り込んでいく。これはなかなか参考になるし、おもしろい。新刊ものの場合は、むしろ書評に触発されてこの本読んでみようか、ということになる方が多いのじゃないか。

暇田――なるほど、いろいろ教えて頂きました。小説と言っても読み方がいろいろありますね。

知らない語学の自習書をつくる

O――さて、極めつけのいい暇つぶし法があるよ。

暇田――それは何です?

O――それは語学の入門書を自分でつくってしまうんだ。しかも自分がすこしも知らない、初めての言葉がおもしろい。

暇田――そんな。それは無理な話でしょう。自分が全然知らない言葉を……。

O――それがおもしろいのだよ、君。例えば君が英語はどの程度強いか知らないけれど、この際、全然知らない国の言葉を一から勉強しながら、その外国語の独習書を書いてみるのだ。そうだな、英語、ドイツ語、フランス語なんてのは、ありふれていてつまらないから、トルコ語、韓国語なんか、どうだな。韓国語はすこしでもなじみはあるかね。

暇田――いえいえ、全然知りません。あの、○だの□だののハングルでしょう、記号としか見えないじゃありませんか。

O――まったくだね。でもその程度の理解だったらちょうどいい。あれを今全然知らない君が、すこしずつ勉強して、『ハングル入門』とか『やさしい韓国語の学習』とかいう自習書を書くのだよ。実はね、私も何も知らないのだが、あの国は日本に取ってはお隣りの国。サッカー共催もあってたいへん馴染み深い国でもあり、韓国語の独習本はたくさん出ているよ。しかも、どれも韓国語は日本人にとって学びやすいです、というのが謳い文句になっている。私もいくつか見てみたんだ。要するに自習書というのは、やさしい入門書なんですよという印象が大事だ。まず『わかる朝鮮語』（梶井歩、三省堂、一九七二）というのを覗いてみるとね、文字、発音、文法、文章、と体系的に書いてある。今皆が韓国語、朝鮮語と認識しているあの文字は「訓民正音」といって一四四六年につくられたものだ、というところから書き出している。まあ、正統的な語学の独習書という感じだ。ところがね、語学の四週間シリーズというのがあるね。そこで『朝鮮語四週間』（大学書林）というのがある。これはどの国の言葉も四週間で、というシリーズだ。それから、『一〇日間のハングル』（別冊宝島、一九八四）がある。さっそく「ハングルはやさしくて、オモシロイ」とあるね。文法にこだわらず、とにかく単語に慣れよということのようだ。次に見つけたのが『韓国語が日本語で喋れる』（堀田功、光文社、一九八七）だが、これは韓国語なんか三日間で覚えられる、と述べている。日本語と語順が同じで、単語もそのまま対応させればよい、というわけ。

暇田 ―― 四週間が十日間、そしてついに三日で分かるということですね。ほんとうにそんなやさしい言葉なのかな。じゃ一日では？

○——どっこい、究極の本があるよ。二時間でハングル文字が読めるようになる、というのがある。『ハングルはむずかしくない』（黒田勝弘、文藝春秋、一九八五）という本は語学者ではない、ジャーナリストが書いたものだ。従来からある学習書の順序にこだわらずに、片言ハングルというので入っていくのだ。韓国語の本はこうしていわば素人が自分で学んだ体験から書いた独習書というのがいっぱいある。『朝鮮語のすすめ』（渡辺キルヨン＋鈴木孝夫、講談社、一九九一）はまったくエッセイ風のお話だね。日本語の特色は主語や動詞をよく省く、動詞が文末に来る、単数複数の区別が曖昧だ、関係代名詞がない、ということがあるが、朝鮮語もまったく同じ、という。そういわれれば、そんなにやさしいのなら、やってみようかという気になるじゃないか。『ハングルへの旅』（茨木のり子、朝日文庫、一九八九）などは著者が詩人だ。ハングルをカルチャーセンターで学んだ体験から、というのがこの本だね。そして遂には『まんがハングル入門』（高信太郎、光文社、一九九五）というマンガ家の書いたものまである。要は皆、いかにしてとっついたか、という学習本なんだよ。この人は漢字語から入るのが一番やさしい、というの持論のようだね。

暇田――いやあ、分かってきました。要するに、いろいろあるんですね。韓国の文化へのアプローチ次第でいろいろ自習書が考えられる。自分でやってみて、おもしろそうな入り方で独習書がつくれそうです。自分で本を作ればその言葉はだいたいマスターできそうですよね。いつか韓国の文化を学んでみましょう。これなら、図書館にいくらでもあるでしょうからね。

あとがき——市民（私）の行き着くところ（図書館）

学生時代から社会人の時代と、長い間すこしずついろいろな図書館を利用してきた。しかし定年後の私のこの頃は、むしろ集中的に地域の図書館を中心にしょっちゅう使うということになった。すると、前とは違っていろいろなことが見えてきた。そして図書館とはどういうものなのか、ということを調べてみる気にもなった。そこでいよいよこの本を書いてみようという気になったのは、これまでの図書館に関する本の多くが図書館人を対象にしたもので、一般の利用者にやさしく語りかけてくれるものがあまり見当たらなかったということによる。ついでに言えば「生涯教育」に関する本もいっぱいある。しかしこれまた関係のお役人・職員などが読むものにすぎないようなものばかりであった。テキストではあるまいし、普通人は読みにくい横書きの本など読むわけがない。法令や規則を細かく説明し、「関係データ」を羅列する本がたくさんあるよりは、生涯教育などと意識しないままに、それに入っていける、普通の人を対象にしたものが読みたいのである。

全国に多数ある図書館はそれぞれいろいろな状況にある。個々に問題は違うし、図書館側に様々ないい分もあるだろう。また、やむを得ない事情があるだろうことは私にも分かる。しかしあえて私は利用者という立場を徹して考えてみた。そして気のつくことを書いてみた。それが本書である。戯画的な表現もあってバカバカしいとお笑いかもしれないが、私の言いたいところを汲み取って頂きたい。

そして一方では、私とともにいつも図書館を利用しているヒマな人たち、調べごとのある人たち、学習意欲のある人たちなどにも、こんなことを私は考えているのですが、と賛同を求めたい気持なのである。

私は今度々使わせて頂いているいくつかの図書館（ことに流山市立図書館、東洋学園大学流山図書館には多謝）、またそこに勤めておられる司書の皆さんにはいつも親切にして頂いている。深くお礼を申し述べたい。私だけでなく、多くの市民が健全な精神を保ちつつ生きていくための大きな支えとなるのは、図書館様、あなたの存在なのです。

よろしくお願い致します。

本書は原稿の段階で植村達男氏に一読を頂き、貴重な示唆を得た。章扉のカットは田中美穂子さんに描いて頂き、そのディレクトは山田明子さんにお世話になった。また出版までに通してお世話頂いた日外アソシエーツ株式会社編集部長尾崎稔氏、制作の段階で細かくご配慮頂いた寺沢さん、 皆様がたに深く感謝申し上げます。

【わ】

【や】

【ら】

【ま】

【は】

【な】

【た】

【さ】

【か】

索　引

著者略歴

近江　哲史（おうみ・さとし）

日本企業文化研究所所長。1933年生まれ。京都大学法学部卒業。大日本印刷（株）勤務（管理部門・企画制作部門）、1993年定年退社、以後現職。社史制作・社史研究に専念していたが、現在は自分史制作・自分史研究にも関心を拡大。

主要著書

〈単著〉

『社史のつくり方』（1975、東洋経済新報社）
『企業出版入門』（1986、印刷学会出版部）
『「周年事業」の進め方ガイドブック』（1993、日刊工業新聞社）
『わかりやすい社史と自分史のつくり方』（1994、印刷時報社）
『工場法は、まだか——佐久間貞一の生涯』（1994、私家版）
『独白　定年前後』（1994、実業之日本社）
『「自分大学」に入ろう』（1998、実務教育出版）

〈共編著〉

『経営理念策定マニュアル』（1993、PHP研究所）

図書館に行ってくるよ
—— シニア世代のライフワーク探し

2003年11月25日　第1刷発行
2005年 1 月20日　第3刷発行

著　者／近江哲史
発行者／大高利夫
発　行／日外アソシエーツ株式会社
〒143-8550 東京都大田区大森北1-23-8 第3下川ビル
電話(03)3763-5241(代表)　FAX(03)3764-0845
URL　http://www.nichigai.co.jp/

組版処理／日外アソシエーツ株式会社
印刷・製本／株式会社平河工業社

ISBN4-8169-1811-6　　*Printed in Japan, 2005*